경영의
길을 묻다

KB191272

경영의 길을 묻다

펴낸날 2025년 4월 30일 1판 1쇄

지은이 마쓰시타 고노스케
편저 PHP종합연구소
사진 Panasonic Holdings Corporation
옮긴이 김정환
펴낸이 이종일
책임교정 박혜나 정승혜
디자인 바이텍스트

펴낸곳 지니의서재
출판등록 1978년 5월 15일(제13-19호)
주소 경기도 고양시 덕양구 청초로 10 GL메트로시티한강 A동 A1-1924호
전화 (02)719-1424
팩스 (02)719-1404
이메일 genie3261@naver.com

ISBN 979-11-94620-05-1 (04320)
　　　979-11-94620-04-4 (세트)

* 파본은 구입한 서점에서 교환해 드립니다.
* 책값은 뒤표지에 있습니다.

경영의
길을 묻다

마쓰시타 고노스케 | **김정환** 옮김

**경영의 신
마쓰시타 고노스케에게**

지니의서재

사장이 될 사람들이
알아 두어야 할 것들

경영에는 '근거'가 필요하다

"힘든 업무를 하다 보면 그 과정에서 반드시 오른쪽으로 가야
할지 왼쪽으로 가야 할지 고민스러울 때가 있다. 그것은 자신에
게 확고한 '근거'가 없기 때문이다."

사실 이 말은 마쓰시타 고노스케가 한 것이 아니다. 다카하시
아라타로高橋荒太郎라는 사람이 한 말이다. 이미 세상을 떠난 지 수
년이 지났지만 세계적인 기업 혼다를 자신의 힘으로 이룩한 혼다
소이치로本田宗一郎에게 후지사와 다케오藤沢武夫라는 보좌관이 있었
듯이, 그는 항상 마쓰시타 고노스케를 뒷받침했던 '명보좌관'이었

으며 '최측근'이기도 했다. 심지어 마쓰시타 고노스케 본인도 "나 이상으로 마쓰시타 전기의 전통 정신을 만든 사람이다."라는 최대의 찬사를 보냈을 정도의 인물이었다.

그가 이렇게까지 신뢰를 받은 이유는 무엇일까? 마쓰시타가 직면한 위기의 역사를 살펴보면 금방 알 수 있다. 1918년에 파나소닉의 전신인 마쓰시타 전기기구 제작소(1929년에 마쓰시타 전기 제작소로 개칭. 그러다 1935년에 마쓰시타 전기 산업 주식회사가 되었다)를 창업한 이래 마쓰시타 고노스케에게는 몇 차례 위기가 찾아왔다. 그중에서도 가장 힘들었던 시기는 제2차 세계 대전이 끝난 뒤 GHQ^{General Headquarters}(연합군 최고 사령관 총사령부)가 마쓰시타를 재벌로 지정했을 때였다. 가족 세 명이 시작한 사업이 어떻게 재벌이 될 수 있느냐는 불복不服의 심정과 재벌 지정으로 활동이 크게 제한되어 제대로 사업을 할 수 없는 데 대한 초조함, 여기에 개인 자산의 동결, 누적되는 적자, '물류세 체납왕'이라는 언론의 비웃음…. 그야말로 절체절명의 위기에 직면한 이 시기에 재벌 지정을 해제하기 위하여 밤낮으로 동분서주한 사람이 바로 당시 상무

였던 다카하시였다. 간사이에서 도쿄로 상경하기를 거의 백여 차례, 이러한 그의 노력이 있었기에 마쓰시타는 재벌 지정에서 해제될 수 있었으며 재건의 길도 열렸다.

성공하는 경영자와 성공하지 못하는 경영자의 차이는 위기에 처했을 때 도와줄 부하 직원, 혹은 평소에도 전적으로 신뢰할 수 있는 부하 직원이 있느냐가 아닐까? 다카하시와 마쓰시타의 발자취를 좇아갈수록 그런 생각이 든다. 그렇다면 마쓰시타는 다카하시와 같은 부하 직원을 어떻게 얻을 수 있었을까? 만년에 다카하시가 남긴 저서에 이에 대한 힌트가 숨겨져 있어 잠시 소개하고 넘어가도록 하겠다.

내가 일관되게 확고한 '근거'로 삼아 온 것은 마쓰시타 고노스케 창업자의 경영 이념에 바탕을 둔 기본 방침이었다. 다른 곳에서는 찾아볼 수 없는 이 기본 방침이야말로 마쓰시타 전기가 발전할 수 있었던 커다란 요소라고 확신했다.

그 후 나는 내 보잘것없는 지혜를 가지고 세상을 판단하지 않고 마쓰시타 전기의 기본 방침에 따라 일했다. 또한 일을 끝내면 그 기본 방침에 비추어 겸허히 반성하고 검토해 왔다. 그 덕분에 나 같은 사람도 그때그때 중요한 책임을 다할 수 있었던 것이리라.

그는 마쓰시타 고노스케라는 사람의 생각과 경영 이념에 감명을 받고 그 생각과 경영 이념에 따라 자신의 임무를 다했던 것이다. 이 책에서도 소개하듯이 마쓰시타 고노스케 본인도 "경영자에게 가장 중요한 것은 확고한 경영 이념이다."라고 말했다. 이것은 다카하시의 업무 자세와 완전히 일치한다. 즉 '경영 이념'을 통해 맺어진 강한 유대가 기업의 발전에 크게 기여했음을 의미하는 것이 아닐까?

그리고 직원이 '근거'로 삼을 수 있는, 세상에서 인정받고 통용되는 경영 이념을 가지고 있느냐가 평상시는 물론 위기의 순간에 중요한 역할을 한다는 생각이 든다.

확고한 경영 이념을 바탕으로 위기를 극복하다

전후 최대의 위기 전에도 마쓰시타는 커다란 위기에 직면한 적이 있다. 1929년 말에 일어난 뉴욕 주식 시장의 대폭락과 그 후 시작된 대공황이 맹위를 떨치던 시기, 즉 '쇼와 공황'이었다. 참고로 1930년대의 대공황은 2008년에 시작되어 지금까지 이어지는 세계적인 금융 위기와 자주 비교된다. 진정될 조짐을 보이고는 있지만 아직 방심할 수 없는 이번 세계 금융 위기에 대해 2008년 노벨 경제학상 수상자 폴 크루그먼 교수도 자신의 저서인《위기 돌파의 경제학CHALLENGING THE CRISIS》에서 "은행의 위기, 그리고 '유동성의 덫'에 빠졌다는 점에서 1930년대의 대공황과 비슷하다."라는 견해를 밝혔다.

실제로 이 위기가 수면으로 떠올라 확대되었을 때의 상황은 세계 경제 전체가 1930년대와 같은 사태에 빠지는 것은 아니냐는 우려가 단순한 농담처럼 들리지 않을 만큼 심각했다. 일본 경제의 견인차 역할을 해 온 대기업, 특히 수출 의존형 기업이 큰 타격을 받았고 여기저기에서 구조 조정이 단행되었다. 게다가 그때

얼어붙은 개인 소비는 아직도 회복되지 못했다.

　이럴 때일수록 위기 상황에 빠지지 않도록 탄탄한 경영의 길을 착실히 걸어 나가야 한다는 마음가짐이 필요하다. 마쓰시타 고노스케 본인도 그렇게 생각했다. 그러나 아무리 그런 마음가짐으로 경영을 한다 해도 외부 요인의 급격한 변화에 따른 불가피한 위기에 직면할 가능성은 일본 경제가 완전히 세계화되어 가며 앞으로 점점 높아지지 않을까? 그런 생각이 든다.

　그리고 이 어려운 현재 상황에서 참고로 삼을 만한 역사적 교훈이라 할 수 있는 쇼와 공황 때도 많은 경영자가 구조 조정과 급여 삭감이라는 중대한 결단을 내려야 하는 상황에 몰렸었다. 30대 중반에 접어들던 마쓰시타 고노스케도 그중 한 사람이었다. 당시 마쓰시타 전기 제작소의 소유주였던 마쓰시타는 그때의 심정을 이렇게 술회했다.

　당시 정부는 금 수출입 해금과 경제 개방을 단행했습니다. 그럴 수밖에 없다고 판단했기 때문이었습니다. 그때는 이미 상당히 심각한 상황이었습니다. 물건이 팔리지 않게 된 것입니다. 은행은 지금과 마찬가지로 돈을 빌려주지 않았습니다. 그러니 사실은 개방이 아니라 오히려 완전한 긴축 상태였습니다. (중략) 그래서 갑자기 팔리지 않게 된 것입니다. (중략) 직공들은 반나절을 쉬고 반나절만 일했지만 급여는 하루치를 전부 지급했습니다. 그때는 개인 경영이었기 때문에 점원이라고 불렀는데요, 점원들은 쉬지 않고 일했습니다. 저는 점원들에게 아침부터 밤까지 뛰어다니며 팔 수 있을 만큼 팔아라, 싸게 팔아서는 안 된다, 싸게 팔아서는 안 되지만 최대한 노력해서 팔라고 독려했습니다. 그렇게 두 달이 지나니 창고가 텅텅 비었고 다시 전원이 활동을 시작할 수 있었습니다. 그런데 그 두 달 동안의 경험을 통해 점원도 직공도 모두 크게 성장했습니다. 또 저희 경영자들도 세상일에는 그에 맞는 해결 방법이 있다는 매우 귀중한 경험을 얻었습니다. 이 경험은 훗날 커다란 힘이 되었습니다.

실제로 그 후 마쓰시타는 순조롭게 실적을 높였다. 1932년에는 산업인의 '진사명眞使命'을 생각해 냈고, 1933년에는 본점과 공장을 오사카부 키타카와치군 가도마 마을(현 가도마시)로 이전해 커다란 발전을 이루었다.

앞에서 다카하시가 기업 인생의 '근거'로 삼았던 마쓰시타 경영 이념의 초석이 된 강령과 신조는 1929년 3월에 제정되었다. 대공황이 시작되기 직전에 탄생한 명확한 경영 이념과 방침을 바탕으로 종업원 모두 하나가 되어 불황과 맞설 수 있었던 것이다. 그리고 이러한 경험을 바탕으로 "호황이면 좋고, 불황이어도 좋다."라는 마쓰시타 고노스케의 명언이 탄생했음은 두말할 필요도 없다.

위기를 발판 삼아 성장으로 - 마쓰시타 고노스케가 눈물을 흘린 날

감정이 북받친다. 그리고 뺨에 눈물이 흐른다. 누구나 살면서 많든 적든 이런 경험을 한 적이 있을 것이다. 이미 명경영자로 명성을 얻고 있던 마쓰시타 고노스케는 1964년 7월, 아타미에서 마쓰시타 전기의 판매 회사와 대리점 사장들을 앞에 두고 눈물을 흘렸다.

이 눈물의 '아타미 회담'(전국 판매 회사 대리점 사장 간담회)은 경영자 마쓰시타 고노스케가 마지막으로 직면한 대위기였다. 판매 회사와 대리점의 영업 부진은 마쓰시타 전기에 대한 불신으로 이어졌고 마쓰시타 전기의 상품력과 판매 체제에 대한 불만을 촉발했다. 상황이 이러하자 당시 회장이 되어 일선에서 물러나 있던 마쓰시타 고노스케는 시급히 전국의 판매 회사와 대리점 사장을 한 자리에 모아 이야기를 나누었다. 그러면서 그들의 표정을 파악하고 타개책을 모색해야 할 필요성을 느껴 아타미 회담을 열기로 결정했다. 기업 경영자로서 오랜 세월 갈고닦은 감이 번뜩인 것이다.

끝장 토론의 형식으로 시작된 회담은 처음부터 '마쓰시타 규탄 대회'의 양상을 띠었다. 이틀이 지나 사흘째를 맞이해서도 여전히 평행선을 달리며 치열한 논쟁이 벌어졌다. 점심이 가까워 오는 시점에 마쓰시타 고노스케가 회담에 대응한 시간은 총 열 시간이 넘어갔다. 그런 가운데 마쓰시타 고노스케는 양쪽의 주장을 조용히 되돌아보고 '책임 대부분이 마쓰시타 전기에 있는 것은 아닐까?'라고 고민하기에 이르렀다. 그리고 단상에서 모두에게 말하기 시작했다.

"지금까지 서로에게 하고 싶은 말은 다 한 듯합니다. 저는 여러분의 불평과 불만이 당연하다고 봅니다. 곰곰이 생각해 보니 결국은 마쓰시타 전기의 잘못이었습니다. 정말 죄송합니다. 오늘날 이렇게 마쓰시타 전기가 있을 수 있었던 것은 모두 여러분의 덕택입니다. 저희에게는 여러분께 불평을 할 자격이 없습니다. 앞으로 심기일전해 다시 시작하겠습니다."

이야기를 하는 도중 마쓰시타 고노스케의 눈에서는 눈물이 흘러내렸고 종종 말을 잇지 못했다. 회담장은 어느덧 숙연해졌으며 이윽고 여기저기에서 오열하는 소리가 들려왔다.

한 강연회의 질의응답 시간에 마쓰시타 고노스케는 그 순간의 심정을 이렇게 술회했다.

저도 조금 눈시울이 뜨거워졌습니다. 그럴 마음은 없었는데 저도 모르게 그렇게 됐습니다. 그랬더니 다른 분들도 손수건으

15

로 눈물을 훔치는 것이었습니다. 모두 눈물을 흘리고 있었습니다. 그 모습을 보고 저는 '아아, 사람의 본성은 원래 착하구나.'라고 생각했습니다. 사흘 동안 양쪽 모두 서로에 대한 불만만을 이야기했습니다. 그러나 저는 결국 마쓰시타 전기가 잘못했다는 결론을 내렸고 작은 마을 공장에서 오늘에 이르게 된 과정을 되돌아봤습니다. 그러자 눈시울이 뜨거워졌습니다. 그 감정이 전염되었던 것입니다. "지금까지 불평만 했으나 마쓰시타 전기에만 책임을 전가할 수는 없습니다. 우리한테도 잘못이 있습니다."라며 모두 눈물을 흘렸습니다. 이것은 제가 50년을 살면서 처음 겪는 일이었습니다.

이 방법밖에는 없다는 심정으로 행동에 나섰다. 모든 열정을 쏟아 토론했다. 그렇게 해서 결론을 내린 다음, 마쓰시타는 적극적이고 과감하게 움직였다. 스스로 영업 본부장을 대행해 반년에 걸친 검토 끝에 '1지구 1판매 회사제'와 '사업부와 판매 회사의 직거래', 월부 판매 회사의 상품 판매 폐지, 현금 결제 이행을 골자로 한 '신 월판 제도新月販制度' 등 새로운 제도를 고안해 실시했다.

아타미 회담 후 일본 경제는 도쿄 올림픽에 따른 이른바 '올림픽 특수'가 사라진 데다가 금융 긴축까지 겹쳐 불황 위기감이 단숨에 고조되었다. 그러나 마쓰시타 전기는 이 판매 제도 개혁을 통해 위기를 극복했을 뿐만 아니라 그 후 눈부신 발전을 이룩했다. 결과적으로 마쓰시타 고노스케의 '감'이 성공을 거둔 것이다. 물론 그와 같은 마쓰시타 고노스케의 행동만이 비약적인 발전의 요인이었다고는 할 수 없을지 모른다. 그러나 판매 회사와 대리점 사장을 비롯한 모두가 하나가 되어 위기를 돌파한 것은 부정할 수 없는 사실이다.

그는 회장이 되어 일선에서 물러났으면서도 회사의 실적과 사회의 상황을 보고 불길함을 느껴 아타미 회담을 열었다. 이 결단이 없었다면 그 뒤 마쓰시타 전기가 어떻게 되었을지 알 수 없다.

사장이 선두에서 직원을 이끌어야 진정한 '비약'을 이룰 수 있다

마쓰시타 고노스케처럼 '호황이면 좋고, 불황이어도 좋다.'라는 생각으로 작년 말부터 위기와 대치하고 있는 경영자, 경영 간부들은 지금 무슨 생각을 하고 있을까? 현재와 같은 위기의 시대에는 사업에 진지하게 몰두할수록 결단의 순간에 망설이거나 고뇌하게 되며 그 망설임과 고뇌를 날려 버리기 위해 무엇인가에 의지하고 싶어진다. 푸념이라도 늘어놓고 싶어진다. 그러나 직원들에게 그런 모습을 보일 수는 없다. 바로 이런 상황이 아니었을까.

흔히 "경영자는 고독한 존재다."라고 하는데 경영자는 항상 결단을 강요당한다. 그 결단을 회피하면 사업이 운영되지 않는다. 최고 책임자인 이상 당연하다면 당연한 일이라고 할 수 있지만 그렇다 해도 참으로 가혹한 직업이다. 나라 전체, 업계 전체가 고도 경제 성장기에 있다면 조금 결단을 미뤄도 괜찮을지 모르지만 현실적으로 지금의 일본 경제는 그럴 만한 상황이 아니다.

위기의 돌파구를 찾아내고 스스로 선두에 서서 직원들을 이끈다. 그리고 '비약'을 꿈꾼다. 그런 고독하고 힘든 싸움을 계속하기 위해 무엇을 지침으로 삼아야 할까? PHP종합연구소는 그런 마음가짐에 참고가 될 만한 지침을 제공하고자 주로 기업 경영자들의 질문에 마쓰시타 고노스케가 직접 대답한 내용과 경영자를 대상으로 한 강연에서의 발언을 엄선하고 그 요점을 정리해 이 책을 엮었다.

치열한 싸움을 계속하는 가운데 길을 열고자 하는 많은 경영자와 경영 간부들에게 이 책이 격려의 메시지가 되기를 간절히 바란다. 또한 차세대 리더들, 앞으로 '사장이 될 사람'들에게 도움이 된다면 크게 기쁠 것이다.

PHP종합연구소 경영이념연구본부

이사본부장 사토 데이지로^{佐藤悌二郎}

차례

3장 │ 신념

4장 │ 순수

5장 │ 신뢰

6장 │ 비약

1장

열정

사장은 누구보다 열정이 있어야 한다.

즉 사장이란 가장 열정 있고 가장 열심히 일하는 자리다.

따라서 어떤 상황에서도 좌절해서는 안 된다.

또한 사장이란 가장 먼저 일어나 가장 늦게 잠드는 사람이다.

한 발 한 발 착실하게 정도를 걸어라.

01

최고의
열정이 있는가

반드시 열정이 있어야 합니다.

직원들이 백이면 백 모두 열심히 일한다 해도

열정에 관해서는

사장이 그중에서 최고여야 합니다.

아버지의 뒤를 잇게 되었습니다. 하지만 아직 어리고 경험도 부족해 회사를 잘 경영해 나갈 수 있을지 걱정입니다. 경험 부족이라는 핸디캡을 짊어진 가운데 경영자로서 성공하려면 어떤 점을 명심해야 할까요?

[마쓰시타]

그렇게 어려운 문제는 아닙니다. 저는 이미 80년을 넘게 살았지만 좀 더 돈을 벌고 싶다는 생각에 지금도 열심히 일하고 있습니다. 젊은 사람들은 저보다 그런 의욕과 희망을 강하게 품고 성공을 믿으며 일에 몰두해야 합니다.

잔술수로 돈을 벌고자 해서는 안 됩니다. 이 세상에 힘들이지 않고 돈을 벌 수 있는 방법은 없습니다. 결국 성공은 흘린 땀방울의 수에 비례합니다. 땀을 흘리지도 않고 성공하는 경우도 이따금 있지만 그것은 정말 운 좋은 사람일 뿐 일반적인 사례는 아닙니다. 그러므로 열심히 일하십시오. 그러면 부하 직원들은 열심히 일하는 사장의 모습을 보고 우리도 가만히 있을 수 없다고 생각해 모두 열심히 일할 것입니다. 젊은 경영자는 그렇게 해야 성공합니다.

그러니 성공을 믿고 여러분이 선두에 서서 솔선수범하십시오. 여러 가지의 사고방식이나 행동 방식이 있겠지만 원칙적으로 일하지 않는 사람은 성공하지 못합니다. 지혜를 짜내든 몸을 움직이든 어떤 식으로든 일을 해야 합니다. 그렇게 일한 양에 비례해 성공한다고 믿습니다. 이는 아주 간단한 이치입니다.

그리고 궁지에 몰렸다고 비관해서는 안 됩니다. 저는 전쟁 때문에 재산을 한순간에 모두 잃은 적이 있었습니다. 게다가 막대한 개인 부채까지 짊어졌습니다. 하지만 그래도 죽은 사람보다는 낫고 총에 맞아 죽은 사람도 많다는 사실을 떠올리며 살아 있다는 것 자체가 고마운 일이라고 여겼습니다. 그렇게 생각했기 때문에 비관하지도 않고 기쁨 속에서 어려움을 헤쳐 나가고자 노력할 수 있었습니다.

지금 생각하면 목이라도 매달고 죽고 싶을 만큼 어려운 상황이었습니다. 하지만 그러지 않을 수 있었던 이유는 저보다 더 불행한 사람도 있음을 알고 나는 복 받은 사람이다, 나는 행복하다고 생각했기 때문이었습니다. 그래서 비관하지 않고 일한 것이 성공으로 이어졌다고 믿습니다.

물론 발로 뛰지 않고 경제학을 배워서 경영을 하려고 하는 것도 나쁘지는 않습니다. 그러나 그뿐만이 아니라 여러분 주변에서 해야 할 일을 찾을 수도 있지 않을까요. 젊은 청년들은 희망에 가득 차 '난 꼭 성공하겠어!'라며 일하고 있지요. 그것은 그것대로 좋습니다. 그러한 열정을 마음껏 발휘해 보십시오.

그렇다고 불필요한 일을 해서는 안 됩니다. 아무리 열심히 일한다 해도 불필요한 일은 하지 말아야 합니다. 그것이 불필요한 일인지 아닌지는 스스로 하나하나 검토하고 판단하십시오. 반드시 불필요한 일을 하고 있을 것입니다. 예컨대 한 번만 걸면 될 전화를 세 번이나 걸어서는 안 됩니다. 한 번에 끝낼 방법을 궁리해야 합니다.

그리고 열정이 있어야 합니다. 열정이 있으면 설령 아무 말도 하지 않더라도 상대방을 설득할 수 있습니다. 장황하게 말을 늘어놓을 필요는 없습니다. 열정이 담겨 있으면 말을 하지 않아도 물건을 팔 수 있습니다. 따라서 열정은 반드시 필요합니다. 직원이 백이면 백 모두 열심히 일한다 해도 열정에 관해서는 경영자가 그중에서 최고여야 합니다. 여러분보다 지혜나 지식이 뛰어난 직원도 있을 것입니다. 하지만 경영자라면 '이 사업을 하자.', '이 가게를 경영해 나가자.'라는 경영에 대한 열정만큼은 그 누구보다 강해야 합니다. 제가 몇 번이고 드리는 말씀입니다만, 경영자에게 열정이 부족하면 직원들은 일하지 않습니다.

그래서 저는 나이 들어 지식의 흐름을 좇아가기가 점점 더 어렵지만 이 마쓰시타 전기를 경영해 나가겠다는 열정만큼은 최고여야 한다고 다짐하고 있습니다. 만약 그 열정이 부족하다면 저는 마쓰시타 전기를 그만둬야 합니다. 열정이 없는 사람이 최고의 지위에 있어서는 안 되니까요.

말을 잘하고 지식도 있지만 진정한 열정이 부족한 사람은 성공하기 힘듭니다. 저는 그렇게 믿습니다.

사기를
북돋우고 있는가

희망을 품고 희망을 품게 합시다.
끊임없이 자신에게 용기를 불어넣고
직원의 사기를 북돋우며 무엇인가를 계속 줍시다.
어떤 어려움 속에서도 그럴 수 있는 경영자가 됩시다.

불황으로 일이 없어서 직원들 사이에 침울한 분위기가 퍼지고 있습니다. 이런 상황 속에서 직원들이 일하는 보람을 느끼게 하려면 어떻게 해야 할까요?

[마쓰시타]

일이 없는 것은 개인의 힘으로 어떻게 할 수 없는 일이 아닐까요? 하지만 경영을 맡은 사람은 설령 일이 없어도 사내의 분위기가 가라앉지 않도록 계속해서 방법을 궁리해야 합니다. 그럴 수 있느냐 없느냐가 경영자로서 역량을 가늠하는 지표일 것입니다.

"일이 없으면 내일 하루는 쉬어라. 하지만 그냥 쉬어서는 안 된다. 하루 종일 씨름을 해라. (웃음) 씨름을 해서 힘을 기르고 용기를 키워라. 일을 해도 팔리지 않는다고 해서 실력을 떨어트려서는 안 된다. 밖에서 고철을 주워 와서 줄질을 해서라도 실력을 갈고닦아라."

이러한 적극성 있는 말을 해야 합니다. 경영자는 어떤 상황에서도 경영 의욕을 잃어서는 안 됩니다. 희망을 품고 직원들로 하여금 희망을 품게 해야 합니다. 경영자는 이럴 때 선두에 서서 자신에게 용기를 불어넣고 직원들의 사기를 북돋으며 무엇인가를 줘야 합니다. 일이 없으면 일 이외의 것을 주면 됩니다. 훗날 그들에게 플러스가 될 수 있는 것을 줍니다. 그래도 정말 할 일이 없다면 "청소라도 해라, 청소를 하려면 걸레가 필요한데 걸레가 다 닳았다면 발로 해라, 발은 닳지 않는다."라고 말하세요. 물론 이것은 농담입니다만, 그런 말이라도 해 줄 수 있을 정도의 용기를 가진 경영자가 진정한 경영자입니다.

그래도 도저히 인원 정리를 하지 않고는 버틸 수 없는 상황에 이른다면 이런 상황을 정확하게 설명해 줘야 합니다.

"이렇듯 회사에 돈이 없네. 지금까지는 10억 엔을 벌었지만 지금은 1엔도 벌지 못하고 있네. 회사도 10억 엔을 희생했으니 자네들도 누군가가 희생을 할 수밖에 없네. 1개월 교대도 좋고 1년 교대도 좋으니 서로 번갈아 가면서 쉬어 주게. 어쨌든 회사는 이 이상 월급을 줄 수가 없네. 이 이상 월급을 주면 회사는 망한다네. 회사는 누구의 것도 아닐세. 바로 자네들의 것일세. 그러니 일하는 사람이 10분의 1씩이라도 갹출해서 서로 도와주게. 회사가 망하면 돌아올 곳도 사라지는 것일세."

이런 말을 할 수 있는 경영자가 되어야 합니다.

03

직원을 움직이는
'비법' 따위는 없다

사장이 움직이지 않으면 직원도 움직이지 않습니다.

직원을 움직이는 '비법' 따위는 없습니다.

자신이 먼저 움직여야 직원도 움직입니다.

그래야 좋은 인간관계도 형성됩니다.

＊

어떻게 해야 직원들의 노동 의욕을 높일 수 있을지 고민하느라 머리가 아플 지경입니다. 뭔가 좋은 방법이 있다면 가르쳐 주셨으면 좋겠습니다.

[마쓰시타]

"머리가 돌지 않으면 꼬리도 돌지 않는다."라는 옛말이 있습니다. 백 명을 긴장시켜 큰 성과를 올리고자 한다면 주위 사람들이 보고 '안쓰럽다'라고 느낄 정도로 일해야 합니다. "우리 사장은 정말 열심히 일해.", "볼 때마다 안쓰러워."라는 감정이 직원들 사이에 퍼지면 모두 일치단결해 일할 것입니다. 하지만 그러지 않는 한은 다들 여러분이 일하는 만큼만 일할 것입니다. (웃음) 저는 그렇게 생각합니다. 사람은 원래 그런 존재니까요.

그러므로 결코 앉아서 돈을 벌 수는 없습니다. 자신은 담배를 입에 물고 편안하게 앉아서 직원들에게 "일하시오."라고 명령한 들 아무도 일하지 않습니다. (웃음) 저는 지금껏 그렇게 생각하며 행동해 왔습니다.

그리고 또 한 가지, 여러분 자신이 일하는 보람을 느끼는 것이 중요합니다. 자신이 고용한 사람이 정말 일을 열심히 한다, 여기 있는 것이 아까울 정도로 일을 잘한다, 나도 가만히 있을 수는 없다는 기분을 느끼는 것 또한 앞서 말씀드린 것 못지않게 중요합니다. 이런 것에서 인간관계가 형성됩니다. 그리고 그 인간관계를 통해 지금 사장님께서 원하시는 바를 달성할 수 있지 않을까합니다.

이를 위한 한 가지 방법으로, 사장님께서 먼저 의견을 구해 보도록 하십시오. 귀찮겠지만 직원들의 의견도 한번 들어 보십시오. 복도에서 마주쳤을 때 잠시 멈춰 서서 "이런 문제가 있는데, 자네는 어떻게 생각하나?"라며 이야기를 나누는 것도 좋은 방법입니다. 즉 모두와 상담해 직원들이 그 문제에 관심을 갖도록 하는 것입니다. 직원이 백 명 정도라면 충분히 가능하다고 봅니다. 그보다 훨씬 많다면 조금 힘들겠지만 이 방법을 사용하기에는 백명 정도가 가장 적당하지 않을까 싶습니다. 그밖에 특별한 방법은 없다고 생각합니다. 사장님께서 어떻게 하시느냐가 중요한 것입니다.

04

불경기일 때가
더 재미있다

위기로부터 도망치지 말고 정면으로 맞서십시오.

그 위기를 극복하십시오.

그러면 모든 것이 정상으로 돌아옵니다.

올바른 방향으로 한 발씩 착실하게 걸으면

길은 자연스럽게 열리는 법입니다.

중소기업은 '사람, 물자, 돈', 이 모든 것이 부족합니다. 현재 상태를 유지하기도 버거운데 불황에 따른 동종 업체 간의 경쟁까지 극심해지고 있어서 중소기업의 경영은 심각한 상황에 몰리고 있습니다. 이러한 상황 속에서 우리 중소기업은 어떻게 싸워 나가는 것이 좋을까요?

[마쓰시타]

어떤 점에서 불리하다고 느끼느냐에 따라 다를 것입니다. 자본금이 부족한 것이 문제일 수도 있고, 점포의 크기나 입지에 불만이 있는 상황일 수도 있습니다. 어떤 장사든 조건이 100퍼센트 갖춰진 상태로 진행되는 경우는 거의 없습니다. 부족한 부분을 찾으려고 마음먹으면 얼마든지 찾을 수 있습니다. 게다가 그렇게 겉으로 드러나는 부족함은 사실 장사를 방해하는 커다란 문제가 아닙니다. 점포의 크기보다는 입지, 입지보다는 품질을 걱정해야 합니다. 또한 자금이 부족함을 걱정하기보다는 신용이 부족함을 걱정하는 편이 맞습니다.

그리고 "내가 이것을 팔지 않으면 사회가 돌아가지 않는다."라는 자신감을 가져야 합니다. 그만큼 막중한 책임감을 느끼는 것이 착실히 사업을 하기 위한 기본입니다. 경기가 좋다든가 나쁘다든가, 경쟁이 치열해졌다든가 같은 외부적인 조건 하나하나에 너무 휘둘려서는 안 됩니다. 제 생각에는 아무리 불경기라 할지라도 나아갈 길은 반드시 있습니다. 오히려 불경기일 때가 더 재미있다고도 할 수 있지요. 어려울 때일수록 마음을 단단히 먹고 진지하게 임하기 때문에 길을 찾아낼 수 있는 것입니다.

그런 의미에서는 만약 10년 동안 순조롭게 성장을 거듭하는 기업이 있다면 그쪽이 오히려 더 위험합니다. 10년 동안 순조롭게 성장했다면 그 회사는 반드시 어딘가가 느슨해졌을 것입니다. 물론 느슨해지지 않은 곳도 있습니다. 그런 곳은 경영자가 방심하지 않고 이겼을 때 투구 끈을 더욱 바짝 조이는 곳입니다. 하지만 그런 회사는 열 개 중 하나 정도에 불과할 것입니다. 나머지 아홉 회사는 사장을 비롯한 모두의 마음이 느슨해집니다. 어떤 사람이든 매일 맛있는 음식을 먹으면 음식의 고마움을 모릅니다. 그와 마찬가지로 일이 순조롭게 진행되면 사람은 안이해지게 마련입니다. 이것은 인간의 약점이지만 그 사실을 깨닫는 사람은 그다지 많지 않습니다.

이렇게 자기도 모르게 마음이 느슨해진 상태에서 갑자기 불경기가 찾아오면 실적이 뚝 떨어집니다. 그러므로 3년에 한 번 정도는 작은 불경기가 오고 10년에 한 번쯤은 커다란 불경기가 찾아오는 것이 오히려 개인에게도 회사에도 이롭습니다. 사실은 호황일 때 미리 준비를 해서 불황이 찾아왔을 때 활용해야 합니다. 하지만 이게 말처럼 그리 쉽지가 않습니다. 역시 인간이라는 동물은 아무리 현명하더라도 일을 하면서 다소 곤란을 겪어야 배우는 것이 있습니다. 지금이 바로 그런 시국이므로 도망치지 말고 정면으로 맞서십시오. 설령 자신에게는 별일이 없더라도 친구나 친척 중에 어려움에 부딪힌 사람이 있으면 불황이 절실하게 느껴질 것입니다. 공부하기에는 지금이 가장 적기입니다. 그러니 이럴 때는 공부에도 더욱 열중하게 됩니다.

지금 이 상황을 극복해야 합니다. 그러면 모든 것이 정상으로 돌아올 것입니다. 걱정하지 마십시오. 여러분은 현명하므로 금방 깨달을 것입니다. 이런 말이 있습니다.

"무리하게 팔지 마라. 손님이 좋아하는 것도 팔지 마라. 손님에게 도움이 되는 것을 팔아라."

"가게 앞을 시끌벅적하게 만들어라. 활기차게 일하라. 손님은 활기가 넘치는 가게로 모인다."

바로 그런 것입니다. 장사의 정도正道를 걸으며 있는 힘껏 노력하십시오. 당황해서는 안 됩니다. 한 발 한 발 확실히, 그리고 올바른 방향으로 걷는다면 길은 자연스럽게 열릴 것입니다.

길은
무수히 많다

사람은 순조롭게 일이 진행되면 여기에 안주해
새로운 것을 추구하는 열정이 부족해지기 마련입니다.
지금이 최선이라고 만족하지 말고
아직 다른 길이 있다고 생각하십시오.
그러면 길은 무수히 많음을 깨달을 것입니다.

다른 여러 가지 문제가 그렇지만, 경영의 경우에도 마찬가지입니다. 오늘까지는 몰랐지만 내일 발견하게 되는 새로운 것들이 무한히 숨겨져 있습니다. 2, 3일 전의 신문 보도를 보셨습니까? 우주여행이라고나 할까요? 인간이 우주선에서 밖으로 나와 잠시 동안 우주선과 함께 비행을 했다는 러시아의 보도가 있었습니다. 이런 것은 꿈에서도 상상할 수 없었던 일이었습니다. 과거에는 꿈에도 생각지 못했던 일들이 지금은 실제로 일어나고 있는 것입니다.

우리 주변의 경우도 마찬가지입니다. 오늘은 이것이 최선이라고 생각했던 것도 관점을 조금만 바꿔서 보면 아직 최선이 아닐수 있습니다. 이 길 외에 다른 길이 있을지도 모른다고 생각하고 관점을 조금만 바꿔 보면 역시 무수히 많은 길이 펼쳐져 있음을 알게 됩니다.

인류가 이 세상에 존재하는 한 계속해서 새로운 발견을 할 거라는 가정은 일단 참이라고 생각해도 무방할 것입니다. 하물며 경영이나 제조에 있어서는 더욱 그렇다고 생각합니다. '그것은 왜 그럴까?'라는 하나의 의문이나 질문을 자신에게 던지면 새로운 발견을 해 나갈 수 있을 것입니다. 하지만 '이건 이런 것이겠지. 이것으로 충분할 거야.'라고 생각하며 스스로 한계를 만들어 버리면 한 발자국도 앞으로 나아가지 못할 것입니다. 어떠한 순간에도 앞으로 전진해 나갈 수 있다고 생각하며 노력하면 끝없이 진보할 수 있습니다.

여러분도 여러모로 노력하고 계시리라 믿지만 지금까지와 똑같은 일만 해서는 안 됩니다. 이미 세계는 빠르게 진보하고 있습니다. 그러므로 끊임없이 새로운 길, 새로운 방식을 궁리하고 여기에 흥미를 가져야 합니다. 그러지 않으면 일이 조금 순조롭게 풀렸을 때 그것에 안주하고 맙니다. 사람은 일이 순조롭게 진행되면 새로운 것을 추구하는 열정이 식는 경향이 있으니 무리도 아닙니다.

　그러나 산업이라든가 이러한 일에 몸담고 있는 사람은 항상 새로운 것을 불러일으키고 불러내며 그것에 몰두해야 합니다.

직원과
대화하는 방법

시간이 허락하는 한 만나서 이야기를 들으십시오.

모두의 의견을 들을 수는 없지만,

그러한 마음가짐을 소중히 여기십시오.

마음의 귀로 듣고 자연스럽게 이해하십시오.

그런 사장이 될 수 있으십니까?

오늘날과 같은 경쟁 시대에 다른 회사보다 먼저 비즈니스 찬스를 잡으려면 무엇보다 신속한 의사 결정이 필요합니다. 신속한 의사 결정을 내리기 위해 경영자는 어떤 의미에서 독재자가 되어야 한다고 생각합니다. 이때 명심해야 할 점이 무엇이라고 생각하십니까?

[마쓰시타]

여러 가지가 있겠습니다만, 역시 여러 의견을 모으는 것입니다. 독재자도 여러 유형이 있습니다. 하지만 모습은 독재자이더라도 그 사람이 국민이면 국민, 직원이면 직원의 마음과 생각을 끊임없이 흡수한다면 괜찮습니다. 저도 작은 회사의 사장을 맡고 있습니다만, 결코 제 마음대로 행동하지는 않았습니다. 창업자이므로 언뜻 독재자처럼 보일 수도 있겠지만 항상 직원들의 여러 의견을 모아 회사를 경영해 왔습니다. 설령 오늘 입사한 사람의 말이라 해도 귀를 기울였습니다. 즉 저는 지금까지 독재자이면서 독재자가 아닌 것처럼 행동해 온 것입니다.

물론 수많은 직원 모두와 이야기를 나누는 것은 사실 불가능합니다. 대개 일방적으로 제가 이야기를 하는 형식이 됩니다. 하지만 그들의 이야기를 들어야 한다는 마음은 항상 가지고 있습니다. 형식상으로는 제가 일방적으로 이야기하지만 마음으로는 대화를 나누는 것입니다. 그런 마음가짐이 있는 것만으로 충분합니다. 정보를 수집하는 데에만 집착해서는 안 됩니다. 그러면 오히려 정보가 눈에 들어오지 않습니다. 들어와도 잘못된 정보가 들어옵니다. 정보는 역시 자연스럽게 알게 되는 것입니다. 하늘의 소리라고 할까, 땅의 소리라고 할까, 그런 것을 이른바 마음의 귀로 듣고 판단하는 것입니다.

이를 위해 저는 누구든 만납니다. 시간이 허락하는 한 오늘 입사한 직원과도 만나 항상 의견을 듣습니다. 그리고 판단합니다.

'나의 독단은 독단이 아니며 모두의 마음도 나와 같다. 내가 잘 나서 독재자가 된 것이 아니며, 나는 아무것도 모르므로 모두의 의견을 듣고 결정한다. 결정은 내가 하지만 여러 사람의 의견을 듣고 결정한다.'

이런 마음으로 일하는 것입니다.

물론 실제로 모두의 의견을 들을 수는 없지만 그런 마음가짐으로 일합니다. 그리고 역시 그런 마음가짐이 있을 때 직원들과 마음이 통합니다. 경영자는 모두의 목소리를 들어야 비로소 일류가 될 수 있다고 저는 믿습니다.

07

기적은
일어난다

소변이 붉어질 만큼 걱정해 본 적이 있습니까?

그만큼 열심히 사업에 몰두하고 있습니까?

그와 같은 진지함이 없다면 기적은 일어나지 않습니다.

한 경영자가 제게 이렇게 토로했습니다.

"마쓰시타 씨, 저는 당신 회사와 오랫동안 거래를 하고 있습니다. 아버지 대부터 거래를 이어 오고 있지요. 그런데 요즘 들어 분명히 열심히 일하고는 있는데 벌이가 신통치 않습니다. 마쓰시타 전기는 탄탄대로를 걷고 있는데 우리는 이 모양이라니, 이상하지 않습니까?"

그래서 제가 이렇게 되물었습니다.

"참으로 안타까운 일이군요. 그런데 한 가지 묻고 싶은 것이 있습니다. 아버님의 뒤를 이어서 사업을 하신 지 20년이 넘었지요? 그동안 한 번이라도 붉은 소변을 본 적이 있습니까? 저는 그런 적이 없습니다만, 제가 견습생이었을 때 주인어른께서는 '고키치(저는 당시 '고키치'라고 불렸습니다), 네가 어엿한 상인이 되려면 소변이 붉어질 정도로 일해야 한단다. 그런 경험을 두세 번 하지 않으면 제 몫을 할 수 있는 훌륭한 상인이 되지 못한단다.'라는 말씀을 자주 하셨습니다. 장사를 하면서 너무나 걱정이 되어 당장 내일이라도 목숨을 끊고 싶은 상황에 몰리면 소변이 붉어진다고 합니다. 그런 경험을 해야 비로소 제 몫을 할 수 있는 상인이 될 수 있다는 말입니다. 돈벌이가 좋지 않다고 계속 말씀하시는데 지금껏 소변이 붉어진 적이 있었습니까?"

저의 물음에 그는 "그런 적은 없습니다."라고 대답했습니다. 그래서 저는 "그렇다면 불평하지 마십시오. 소변이 붉어질 정도로 걱정하거나 열심히 장사를 했는데도 돈이 안 벌린다면 그때 불평을 하십시오. 지금은 진지하게 장사에 몰두하지 않고 있잖습니까? 그러면서 돈이 안 벌린다고 하셔도 제가 알 바가 아닙니다. 그러니 그런 말씀을 하시기 전에 소변이 붉어질 때까지 열심히 공부하십시오."라는 의미의 이야기를 했습니다.

그리고 나서 기적이 일어났습니다. 그분은 회사로 돌아가 직원을 모두 모아 놓고는 "어제 마쓰시타 회장님에게 소변이 붉어진 적이 있느냐는 질문을 받았다. 그런데 생각해 보니 소변이 붉어질 만큼 걱정을 한 적이 없었다. 그래서 이대로는 안 되겠다 싶어 오늘부터 장사 방침을 바꾸겠다."라고 선언했습니다.

그 후 도매상이기 때문에 6시 무렵에는 모두 문을 닫는데, 일단 문을 닫은 다음 뜻있는 직원 두세 명을 데리고 150곳이나 되는 단골 거래처를 찾아다닌 것입니다. 그전까지는 단골 거래처를 찾아간 적이 없었다고 합니다. 어쨌든 단골 거래처를 매일 찾아다니며 그 소매점의 진열 방법에 대해 "이렇게 하면 어떻겠습니까, 저렇게 하면 어떻겠습니까, 조금 지저분하니 청소를 하는 것이 어떻겠습니까?"라고 제안을 했습니다. 나중에는 소매점에서 "이곳은 내 가게니 내 방식대로 하겠소. 그냥 내버려두시오."라고 할 정도였다고 합니다. 그리고 6개월이 지나자 그 회사의 매출이 배로 껑충 뛰어올랐을 뿐만 아니라 소매점도 활기가 넘치며 이익이 늘어났다고 합니다.

얼마 전에 그분이 저를 찾아와 "그때 해 주셨던 말씀을 듣고 제

모습을 되돌아봤는데, 역시 그동안 별로 노력하지 않았음을 깨달았습니다. 그래서 이런 식으로 노력해 봤더니 다행히 매출이 배로 늘었고 수금도 원활해졌습니다. 이제는 안심이 됩니다."라고 말씀하셨습니다. 아마도 소매점이 동정했거나 감명을 받은 것이겠지요.

저는 그 일을 통해 역시 점주나 사장이 그렇게까지 노력하면 매출도 오르고 지혜도 샘솟는구나 하고 새삼 깨달았습니다. 뭐, 그런 일이 있었다는 이야기입니다.

2장

각오

끊임없이 자문자답하며 스스로 중심을 잡아라.

자기반성이 없이는 올바른 판단을 할 수 없다.

지도자나 사장이란 책임을 지는 사람이다.

언제나 목숨을 걸고 책임을 질 각오가 되어 있어야만 한다.

자신의 위치에 필요한 사명감을 항상 되새기라.

08

끊임없이
자신을 꾸짖고 있는가

사장으로서, 회사로서의 사명감을 확립하십시오.

여기에는 기술이 필요합니다.

그러나 기술 이전에 '중심'이 필요합니다.

그 '중심'을 크고 강하게 키우기 위해

유형무형의 수업을 얼마나 하고 있습니까?

자문자답을 거듭하며 끊임없이

자신을 꾸짖고 있습니까?

십인십색十人十色이라는 말이 있듯이, 조직 속에는 취향도 성격도 다른 사람들이 함께 모여 일하고 있습니다. 그런 사람들을 하나로 모아 힘 있게 이끌기 위해서는 무엇이 가장 중요하다고 생각하시는지요?

[마쓰시타]

개개인의 감각에 따라 다르겠습니다만, 역시 그 회사의 사명감 위에 서는 것이 중요합니다. 물론 사장 개인의 사명감과 회사의 사명감이 일치해야 합니다. 그런 사명감이 없으면 힘 있는 리더가 되기는 불가능합니다.

저도 처음에는 먹고살기 위해 일한 것에 불과했습니다. 하지만 1년, 2년이 지나고 또 사람이 열 명, 스무 명 모이면서 점점 더 고민을 할 수밖에 없게 되었습니다. 1년 내내 무작정 일을 시키는 것이 미안한 기분이 들었고 이래서는 안 되겠다 싶어졌습니다. 그래서 하나의 이상이랄까 사명 같은 것을 원하게 되었습니다. 또 저 자신을 채찍질하기 위해서도, 직원들에게 이야기하기 위해서도 그런 것이 있어야 합니다. 결국 필요에 의해 그런 마음이 생겨났고 그 마음이 점점 강해졌습니다.

우리는 산업인이므로 회사의 정관에 따라 사명감을 확립하면 됩니다. 그렇다면 구체적으로 어떻게 확립하느냐가 문제인데, 그것은 그 사람의 기술에 달렸습니다. 하지만 그 기술 이전에 중심이 필요합니다. 그 중심은 클수록 좋습니다. 강할수록 좋습니다. "나는 이런 사명을 가지고 있다."라고 말해도 그것이 말뿐인 사명이라면 소용이 없습니다. 남을 향해 강한 발언을 하고 "나는 이런 사람이야!"라고 큰소리를 칠수록 마음속에서는 번뇌가 끊이지 않는 것이 사람이라는 존재입니다. 잇큐一休 스님같이 훌륭한 사람은 철저하게 표리일체를 실현할 수 있을지 모르지만, 그렇게까지

60

할 수 있는 사람은 거의 없을 것입니다. 우리 같은 범인凡人은 그렇게까지 할 수 없으니 "정신 차려. 똑바로 해야 해."라고 끊임없이 자문자답해야 합니다. 금방 약해지는 마음을 다잡기 위해 자신을 꾸짖는 것입니다. 직원에게 "자네, 그래서는 안 돼."라며 근엄하게 말하는 사람도 본인이 그보다 훌륭한 무엇인가를 가지고 있는가 하면, 그렇지 않을 수도 있습니다. 사람은 그런 존재입니다. 하지만 매일 자신에게 그런 말을 하면 어떤 일이 있을 때 확고한 중심을 가질 수 있습니다.

그 중심을 시종일관 유지하기는 참으로 어렵습니다. 뭐, 인생은 수업입니다만 형태가 있는 수업도 있는가 하면 형태가 없는 수업도 있습니다. 수업을 꾸준히 하는 사람은 항상 머릿속에 확실한 중심을 가지고 있기 때문에 정도를 걸을 수 있습니다.

09

원점으로 돌아가
생각한다

불황일수록 원점으로 돌아가 조용히 생각해 보십시오.

열심히 사업을 하고 있으면 그 사람 나름의

해답을 얻을 것입니다.

자신이 해야 할 역할이 보일 것입니다.

오히려 이것을 기회로 삼겠다는

마음가짐이 필요합니다.

극심한 불황 속에서 도대체 무엇부터 손을 대야 할지 난감합니다. 지금 경영자가 해야 할 일을 구체적으로 가르쳐 주십시오.

[마쓰시타]

첫째는 경영자로서나 회사 운영 측면에서 몸가짐을 조심하는 것입니다. 둘째는 조용히 세상을 바라보는 것입니다. 지금부터 자신이 무엇을 해야 할지, 어떻게 사업을 해야 할지를 원점으로 돌아가 다시 한번 곰곰이 생각해 봐야 합니다. 이것은 다른 사람이 가르쳐 주는 것이 아닙니다. 열심히 사업하고 있는 사람은 조용히 생각해 보면 그 나름의 해답을 얻을 것입니다. 그런 의미에서 일단 자신에게서 멀찍이 떨어져서 돌아볼 필요가 있습니다.

흔히 앞날을 알 수 없고 보이지도 않아 불안하다고들 합니다. 그렇다고 그저 넋 놓고 있으면 어수선한 세상에 마음을 빼앗기고 맙니다. 게다가 자신의 중심을 확실히 잡지 못하고 우왕좌왕하게 됩니다. 이것이 가장 안 좋습니다. 순조로운 시절이나 경기가 좋은 시절에는 그냥 대세를 따라가면 됐습니다. 그러나 불황일 때는 사업의 의의를 생각하고 판매하는 상품을 재검토하고 자신이 있어야 할 위치를 되돌아보는 등 자신의 역할을 확실히 파악해야 합니다. 그러지 않으면 살아남을 수 없습니다. 자기 나름의 대의명분을 가져야 한다는 말입니다. 그 사람 나름의 사명감이라고 하겠지요. 그런 것을 가져야 강해질 수 있으며, 그렇지 않으면 앞으로의 시대를 헤쳐 나가기가 어려울 것입니다.

뜻있는 경영자는 지금과 같은 불경기나 혼란의 시기를 내심 반기고 있을 것입니다. '좋은 기회야. 직원들에게도 교육이 되고, 경영자로서도 공부가 될 거야.'라고 말입니다. 물론 경영이 힘들어진다는 측면이 있는 것도 사실이지만 반대로 이 기회를 제대로 한번 살리자고 마음먹을 수도 있는 것이죠. 전쟁을 할 때도 잠시 소강상태에 들어가 전선을 재정비할 때가 있습니다. 지금은 어쩔 수 없이 소강상태를 맞이하는 형태이지만 자신을 반성할 기회이기도 합니다. 그렇게 생각하고 견디시기 바랍니다. 힘들다거나 어렵다고 하기 전에 조용히 모든 걸 다시 생각해 보았으면 좋겠습니다.

10

책임을 질 각오

책임을 지십시오.

전국 시대의 무장은 자신의 목숨을 바쳐

부하의 목숨을 구하는 것을 당연시했습니다.

지금은 자신의 '직위'를 걸고 일해야 합니다.

그러지 않는다면 지도자로서 자격이 없습니다.

올봄에 최고 경영자의 자리에 취임할 예정입니다. 그래서 지도자가 갖춰야 할 요건에 대해 가르침을 받고 싶습니다.

[마쓰시타]

한마디로 말해서 지도자란 책임을 지는 사람입니다. 책임을 지지 못하는 사람은 지도자가 될 자격이 없습니다. 그 옛날, 지도자의 마음가짐은 모두를 위해 죽는 것이었습니다. 다카마쓰성의 이야기가 그 좋은 예입니다.

도요토미 히데요시에게 수공을 당한 다카마쓰성은 식량이 거의 바닥나 수많은 병사들이 굶어 죽을 수밖에 없는 극한 상황에 처했습니다. 그러자 성을 지키는 대장이었던 시미즈 무네하루는

"내 목을 줄 테니 그 대신 병사들을 살려 주시오."라고 히데요시에게 요청했습니다. 히데요시는 무네하루의 태도에 감복해 기다렸다는 듯이 그 요청을 받아들였습니다. 무네하루는 스스로 노를 저어 가서는 배 위에서 천천히 할복했습니다. 그 모습을 지켜보던 적과 아군 장병들은 모두 박수를 쳤습니다. 자신의 목숨을 버려 부하의 목숨을 구하는 것이 전국 시대 무장의 마음가짐이었던 것입니다.

이 무네하루의 정신이 지도자의 정신이라고 생각합니다. "장수 한 명의 공 뒤에는 만 명의 죽음이 있다."라는 말이 있지만, 바꿔 말해 '장수 한 명의 죽음으로 병사 만 명이 목숨을 구하는' 것도 하나의 진리인 것입니다.

큰일이 닥쳤을 때 한 나라의 총리라면 국민을 위해, 회사의 사장이라면 직원을 위해, 부장이나 과장이라면 부하 직원을 위해 자신의 목숨을 버릴 수 있다는 마음가짐이 있어야 합니다. 책임을 지는 것입니다.

지금은 그런 지도자가 나와야 합니다. 목숨을 건다는 말이 다소 거창하게 느껴진다면 목숨까지는 아니더라도 최소한 직위는 걸 수 있어야 합니다. 지도자라면 마땅히 그래야 합니다. 그런 마음가짐으로 임한다면 잘못된 길로 가지 않는 한 반드시 성공할 수 있을 것입니다.

11

장사를 하는 사람의
사명감

장사는 성스럽고 매우 격조 높은 일이지요.

그런 일을 하고 있다는 자각과 의지를 가져야 합니다.

그리고 그러한 역할을 부여받은 것에 대해 감사해야 합니다.

비굴해질 필요는 전혀 없습니다.

이익을 내지 못하면 장사를 계속할 수 없습니다. 하지만 이익을 내려면 고약한 손님에게도 고개를 숙여야 합니다. 아들에게는 거래처에서 접객을 하는 제 모습을 보이고 싶지 않기조차 합니다. 시종일관 자부심을 갖고 장사를 계속해 오신 마쓰시타 씨에게 장사의 의의에 대해 가르침을 받고 싶습니다.

[마쓰시타]

저는 여기에 물건이 있으면 이것이 없는 저쪽 사람에게 보내고 싶고, 또 써 보게 하고 싶다는 기분이 듭니다. 하지만 제가 일일이 가져가서 "이걸 써 보시면 어떻겠습니까?"라고 권하는 것은 사실상 불가능합니다.

이웃나라에는 이 물건이 없으니 이 나라의 물건을 이웃나라에 가져가면 좋아할 것 같은데 정작 가져갈 사람이 없습니다. 제가 가지고 가기에는 손이 모자랍니다. 그럴 때 그 역할을 대신 해 주는 사람이 바로 상인입니다. 그러므로 이쪽에서 남아도는 것을 저쪽의 모자란 곳으로 가져가 균형을 맞추는 일이 상인의 기본적인 업무입니다. 그것이 상인의 사명이며, 그 사명이 있기 때문에 거래가 성립하는 것입니다. 하지만 공짜로 운반을 할 수는 없습니다. 상인도 먹고살아야 하기 때문입니다. 그래서 적당한 수수료를 받습니다. 이것이 장사의 원칙입니다.

즉, 그 원칙에 충실한가가 중요합니다. 자신이 돈을 벌기 위해 장사를 하는 것이 아닙니다. 물건이 있다거나 그 물건이 사회적으로 필요하기 때문에 장사를 할 수 있는 것입니다. 장사하는 사람이라면 그런 사명감을 확실히 가지고 있어야 합니다.

저는 성실히 물건을 팔아 이익을 내는 건 둘째 문제라고 생각합니다. 첫째는 사람들에게 좀 더 필요한 물건을 가져다주는 것이라고 봅니다. 이것은 신이 하는 일입니다. 그만큼 성스러운 일인 것입니다. 그런데 다들 그 성스러운 일을 성스러운 일이라고 생각하지 않습니다. 정부도 그렇게 생각하지 않을 뿐만 아니라 회사도 그렇게 생각하지 않습니다. 사장이나 상인도 그렇게 생각하지 않습니다. 그런 것을 확실히 이해하고 있지 않으니까 장사를 뭔가 차원이 낮은 일이라고 여깁니다. 그리고 비굴해집니다. 하지만 그렇지 않습니다.

일반적으로 국가와 사회를 논하면 왠지 격조가 높은 것처럼 느껴집니다. 반면에 장사 이야기를 하거나 돈을 버는 이야기를 하면 수준 낮게 여깁니다. 그러나 이것은 큰 잘못입니다. 장사나 돈벌이를 논하는 것은 국가와 사회를 논하는 것과 원칙적으로 차이가 없습니다.

이쪽에서는 없어서 곤란을 겪고 저쪽에서는 썩을 만큼 남아돌 때 균형을 잡도록 돕는 것이 장사입니다. 이것은 성스럽고 매우 격조 높은 일입니다. 그런 성스러운 역할을 부여받은 것이므로 당연히 감사의 마음을 느껴야 합니다. 성스러운 일을 하고 있다는 자각과 의지, 그리고 그런 역할을 부여받았다는 데 대한 감사이 두 가지를 확실히 가져야 합니다.

그러면 반대로 장사란 어떤 일인지 알 수 있게 될 것입니다. 차원이 낮은 일이라고 생각하거나 비굴해지지 않을 것입니다. 저는 그런 생각으로 일해 왔습니다.

12

주위를
난처하게 하지 않는다

자신이 경영자로서 적격인지,
상인으로서 어떠한지 항상 자문자답해야 합니다.
그리고 이익을 올릴 수 없는 이른바
부적격자가 되었을 때가 바로 물러날 때입니다.

열심히 노력하고 있지만 좀처럼 성과로 이어지지 않는 것이 현실입니다. 그래서 단도직입으로 묻습니다. 어떻게 해야 이익을 낼 수 있는지요?

[마쓰시타]

아주 중요한 질문입니다. 이러니저러니 해도 결국 핵심은 이것이지요. (웃음) 이익을 내는 것은 참으로 어려운 일이지만, 어떤 측면에서는 매우 간단한 일입니다. 그것은 이윤을 남기는 것입니다. 손해를 보지 않는 것입니다. 물론 그걸 모르는 사람이 어디 있느냐고 반문하시겠지만, (웃음) 실제로는 이익을 내려고 하다가 오히려 손해를 보는 사람이 매우 많습니다. 손해를 볼 수밖에 없는 방법으로 이익을 내고자 열심히 노력하는 것입니다. 그러므로 정말로 이익을 낼 수 있는 방법인지 아닌지를 조용히 궁리해 보고, 그 방법으로 이익을 낼 수 있다는 결론을 내리면 강하게 밀고 나가야 하지 않을까요?

그런데 "어떻게 해야 이익을 낼 수 있는지요?"라는 이 질문이 참으로 멋지긴 하지만, 아쉽게도 흔쾌한 해답을 드리기가 어렵습니다. 여러분 스스로 해답을 찾아내는 수밖에 없지 않을까요. 다만 저는 적정 이윤을 내는 것이야말로 상인의 중요한 의무라고 생각합니다. 저는 최근에 상인이 적정 이윤을 내는 것은 국가에 대한 의무의 수행이라고 말한 바 있습니다. 그러므로 조금 큰 공장이 천하의 토지, 천하의 사람, 천하의 돈을 사용하고도 이익을 내지 못한다면 세상을 대할 면목이 없다고 할 수 있습니다. 어떻게 해야 이익을 낼 수 있을지 진지하게 궁리하면 길은 열리지 않을까 생각합니다.

혹시 소규모로 사업을 하고 계시므로 어쩌면 그런 생각을 하지 못할 수도 있지만, 사업은 소규모이든 대규모이든 이윤을 내는 것이 의무입니다. 이런 말씀을 드리면 큰 실례겠지만, 여러분이 이익을 올리지 못하는 것은 이익을 내는 데 부적격자이기 때문일지도 모릅니다. (웃음) 부적격자가 경영을 해서는 이익을 내지 못합니다. 노래 부르는 데 적격자는 노래를 불러야 하듯이, 상인 역시 이익을 낼 수 있는 적격자가 장사를 해야 합니다. 부적격자가 장사를 하면 실패합니다.

그러므로 자신이 장사에 적격자인지 아닌지 스스로 검토해 볼 필요가 있다고 저는 항상 생각합니다. 지금 저는 마쓰시타 전기를 경영하고 있습니다만, 마쓰시타 전기의 경영자로서 적격자인지 아닌지 항상 자문자답하고 있습니다. 아직까지는 적격자라고 믿으니 회장의 자리에 계속 있는 것이겠지요. 하지만 부적격자가 되었구나, 이제 능력이 부족해졌구나 하고 느끼면 즉시 물러나려 합니다. 그것이 제게 주어진 존귀한 의무를 수행하는 길이라고 생각합니다. 물러나야 할 때는 물러나는 것입니다.

자신이 능력을 잃으면 그 자리에서 물러나는 것이 중요합니다. 이렇게 말하면 쓸데없는 참견 말라고 하실지 모르지만, 상인으로서 적격성이 없는 사람이 장사를 하면 실패합니다. 자신만 곤란해지는 것이 아니라 주위가 다 곤란해집니다.

여러분은 자신이 상인으로서 적격자인지 아닌지 항상 고민하고 계십니까? 이익이 나지 않는다고 말하기 전에 자신이 적격자인지 돌아보는 것이 중요합니다. 그래서 적격자라면 이익을 낼 수 있을 것입니다. 이것이 제가 여러분께 드리는 부탁입니다.

13

죽을 때는
죽을 각오가 되어 있는가

본능대로 생각하지 않고
본능과는 다른 시각을 발견해 낸 것이
무사도 정신입니다.
'죽을 때 죽는다'라는 각오를 항상 품고 있어야 합니다.

[기자]

총리가 주위로부터 사임하라는 압박을 받고 자리에서 물러날 때는 참으로 힘들겠지요?

[마쓰시타]

힘들겠지요.

[기자]

그런데 사임하라는 압박을 받으면서도 아직도 자리를 지키고 있어요. 역시 사람은 물러날 때를 알아야겠습니다. (웃음)

[마쓰시타]

결국 사람은 죽을 때는 죽어야 하는 겁니다. 죽는다는 말은 좀 이상하지만 말이죠. 저는 죽을 때는 죽는 것이 가장 중요하다고 생각합니다. 여기서 죽는다는 것은 사직辭職이라고 해석할 수도 있고, 다른 의미로도 이해할 수 있습니다. 사람은 항상 그럴 각오가 되어 있어야 합니다. 옛날에는 그렇게 가르쳤잖아요?

[기자]

《하가쿠레葉隱(에도시대에 출간된 무사도에 관한 책)》의 무사도 정신과 비슷한 말씀을 하시는군요.

[마쓰시타]

옛날에는 그것을 무사의 마음가짐으로 중요시했지요. 지금 보면 여러 가지 문제도 있지만 말이죠. 그런데 그런 정신을 가지기가 쉽지 않습니다. 그들은 불가능한 일을 하려고 했던 겁니다. 나는 그것이 하나의 정신문화라고 봅니다. 본능대로 살지 않고 본

능과는 다른 시각을 발견해 내는 것이 정신문화라고 생각합니다. 그렇게 보면 인간은 참으로 대단한 존재죠. 죽을 때는 죽는다니 말입니다.

[기자]

무사도 정신과 통하는 면이 있군요. "사무라이란 죽는 것임을 기억하라."

[마쓰시타]

맞습니다, 맞아요. 그건 정말입니다. 그런 마음가짐이 있었기에 살 수 있었지요.

14

자신의
운명을 안다

자신이라는 존재의 특질을 알아야 합니다.
하늘이 내려 준 '운명'을 알아야 합니다.
그것은 허심탄회하게 자신이라는 존재를
바라보지 않으면 알 수 없습니다.

인간의 재능은 어느 정도 하늘이 내려 줍니다. 이 사람한테는 이런 것을, 저 사람한테는 저런 것을 주기로 결정되어 있습니다. 이것은 달리 말하면 하나의 운명이라고도 할 수 있습니다. 각자가 가진 운명은 서로 다르므로 운명 이외의 것을 하려고 해서는 안 된다는 말입니다. 다만 그 운명을 깨달았느냐가 문제입니다. 참으로 어렵지요. (웃음) 이것은 역시 허심탄회하게 자신이라는 존재를 바라보지 않으면 알 수 없습니다. 여러 가지 욕망이 있으면 좀처럼 알 수가 없습니다.

고토 신페이라는 사람이 있었습니다. 그는 도쿄 시장도 역임했을 뿐만 아니라 국무총리까지 되었습니다. 그런데 그는 원래 의사였습니다. 위생국장으로 일하다가 마흔 전후가 되어서야 비로소 자신이 정치가로서 적성이 있음을 깨달았다고 합니다. 그래서 정치가가 되기로 결심했고 마침내 정치가가 되어 주요 요직을 두루 거치게 되었습니다.

고토 신페이는 상당히 훌륭한 사람입니다. 그런데도 마흔이 되어서야 간신히 자신의 특질과 운명, 장점을 깨달았습니다. 그 정도로 어려운 일이기 때문이지요. 하지만 역시 그것을 아는 것이 중요합니다.

사실 저도 제 적성이 무엇인지 알지는 못하지만, 아무래도 전기 가게 주인의 범위를 넘어서지는 않는 것 같습니다. 그래서 아직까지 전기 가게를 하고 있습니다. (웃음)

3장

신념

자신이 하는 일에 대한 믿음과 자부심이 있는 사람은 강하다.

함께하는 사람의 노력을 헛되이 하지 마라.

옳은 길을 고민하고 옳은 일을 한다는 자부심을 가져야 한다.

그런 사람은 항상 당당할 수 있다.

직원의 노력을
헛되게 하고 있지는 않은가

장사는 진검승부입니다.
그 승부를 벌일 때 직원이 땀을 비 오듯 흘리며
일하는 모습이 눈에 보이는 사람, 그 성과를
헛되이 할 수는 없다고 생각하는 사람은 성공합니다.

제 철학은 회사가 작았던 시절부터 지금까지 조금도 변하지 않았습니다. 최근에는 이쪽에서 정가를 정합니다. 그리고 거래처에 "이 가격으로 팔겠습니다."라고 말해도 가격을 내려 달라는 사람은 한 사람도 없습니다. 일반인은 가격을 깎으려 할지 모르지만 도매상이나 소매상은 가격을 내려 달라고 하지 않습니다. 그래서 책임이 매우 무겁습니다. 만약 상대가 가격을 내려 달라고 한다면 정가를 비싸게 정해도 괜찮습니다. 어차피 가격을 깎을 테니 적당한 수준에서 가격이 형성됩니다. 하지만 소매상이나 도매상에서 가격을 깎아 달라는 요청을 하지 않으면 이야기가 달라집니다. 값이 비싸면 팔리지 않습니다. 살 마음이 생기느냐 생기지 않느냐의 경계선에서 가격을 정해야 하므로 참으로 어렵습니다. 이것이 지금 제가 느끼는 점입니다.

그런데 규모가 작았을 때는 이쪽에서 가격을 정해도 상대가 "무슨 소리를 하는 거야? 그 가격에 팔릴 거 같아? 이 정도가 적정 가격이라고."라며 가격을 내렸습니다. 그래서 규모가 작은 시절에는 저희가 가격을 정할 수가 없었습니다. 그러면 저쪽에 가격 결정을 맡기는 수밖에 없습니다. 물론 사는 쪽에서는 가격을 낮추려 합니다. "마쓰시타 씨, 그건 너무 비싸. 다른 데는 더 싸게 판다고."라고 할 때가 있습니다. 그러면 저는 "어쩔 수 없군요. 알겠습니다."라면서 가격을 깎고 싶었습니다.

하지만 그때 눈앞에 직원들의 모습이 떠올랐습니다. 원가가 1엔인 물건을 1엔 50전에 팔려고 하니 비싸다고 합니다. 그렇다면 저희가 일을 제대로 못 했다는 소리입니다. 만약 저희가 일을 제대로 못 했다면 가격을 깎아도 어쩔 수가 없습니다. 하지만 되돌아봤을 때 저희는 일을 못하지 않았습니다. 열심히 일했습니다. 다른 곳보다 원가가 높을 리는 없었습니다. 모두가 아침 7시부터 밤 7시까지 땀을 비 오듯 흘리며 열심히 일하는 모습이 어른거렸습니다. 저는 그 사람들의 성과를 헛되이 할 수 없었습니다. 그래서 "비싸니 값을 좀 내리시오."라고 해도 "저희는 열심히 일하고 있습니다. 품질도 떨어지지 않습니다. 정 비싸다고 생각하신다면 어쩔 수 없습니다. 저희는 값을 내릴 수 없으니 다른 곳의 물건을 구입하시기 바랍니다."라고 말했습니다. 그랬더니 "그래? 그렇게 까지 말한다면 할 수 없지. 내가 사겠소."라는 것이었습니다.

그때 제가 어쩔 수 없다, 다른 곳은 더 싸게 판다니 우리도 가격을 내리자고 마음먹었다면 지금의 저는 없었을지 모릅니다. 저는 그때 저희가 열심히 일했는지 아닌지 되돌아봤습니다. 직원 모두가 땀을 흘리며 일한 그 성과를 제 마음대로 헛되이 할 수가 없었습니다. 그렇게 생각하니 마음속에서 강한 힘이 솟아났습니다.

저쪽은 흥정을 하고 있는 것입니다. 1엔 20전짜리를 1엔 15전으로 깎아 달라고 하는 것입니다. 하지만 우리는 처음부터 1엔 15전을 부르고 한 푼도 깎아 주지 않습니다. 결국은 우리가 더 저렴하게 가격을 책정한 것을 알고 점점 신용이 붙으면 나중에는 가격을 깎지 않습니다. 이쪽에서 가격을 부르면 "좋소."라고 승낙하는 것입니다. 그래야 거래가 빨리 이루어지고 이익도 생깁니다.

사람은 무슨 일이든 자신이 옳다고 생각하는 일에는 강해집니다. 반대로 자신이 잘못한 점이 있으면 약해집니다. 그리고 지금 말씀드렸듯이 직원들이 열심히 일하고 있는데 내가 적정하지 못한 가격을 멋대로 정하는 것은 모두의 노력을 헛되게 하는 셈입니다. 이것은 용납할 수 없는 일이지요. 항상 직원들을 생각하는 것입니다. 그렇기 때문에 힘이 솟습니다.

저 개인은 사실 약한 사람입니다. 하지만 저는 그런 강한 힘이 솟습니다. 직원 모두의 성과를 헛되이 해서는 안 된다는 마음이 있기 때문에 힘이 생기는 것입니다.

16

'이익'은 사회로부터의 사업 의뢰

벌어들인 돈은
사회로부터의 사업 의뢰비입니다.
그렇게 생각하면
새로운 사업에 대한 생각도
강해집니다.

마쓰시타 씨는 설령 사기업이라고 해도 사회의 재산은 공공의
것으로 여겨야 한다고 주장하시는데, 언제부터 그렇게 생각하
시게 되었습니까?

[마쓰시타]

제가 처음 장사를 시작했을 때는 그저 먹고사는 것이 참으로
걱정이었습니다. 그런데 2~3년이 지날 무렵, 장사란 무엇인가에
대해 문득 고민하게 되었습니다. 그러다 사회와 관련해 서로의
생활을 향상시키는 것이 장사의 사명 중 하나라고 믿어 왔습니
다. 장사로 벌어들인 이익은 법률상으로는 개인의 것이지만 실질
적으로는 사회의 공공 재산이라고 생각한 것입니다. 따라서 이익

의 일부는 자신의 필요에 따라 사용할 수 있습니다. 하지만 대부분은 사회로부터 맡아 놓은 돈입니다. 그 사업을 좀 더 크게 하라는 의미로 사회가 맡긴 돈입니다. 저는 그렇게 해석했습니다.

그래서 저는 직원이 30~40명일 때부터 개인의 생활비와 가게의 경리를 따로 처리해 왔습니다. 법인은 당연히 그렇게 하지만 옛날 개인 상점의 경우에는 가게의 돈과 자신의 생활비를 함께 취급하는 일이 많았습니다. 하지만 저는 그렇게 하지 않았습니다. 그리고 매달 결산을 하기로 했습니다. 이익은 사회로부터 맡아 놓은 돈이라는 생각이 점점 강해져 '개인의 재산도 본질적으로는 전부 사회의 공유물이다, 따라서 내 재산을 함부로 써서는 안 된다, 오히려 재산이 있으면 그것을 가지고 사업을 더 크게 해야 한다.'라고 생각하게 되었습니다.

그런 의미에서 제가 벌어들인 돈은 사회로부터 받은 사업 의뢰비라고도 할 수 있습니다. 그렇게 생각하면 사업에 임할 때도 공공성이 있는 일을 한다는 보람을 느끼게 되고 정신적으로 강한 힘이 생깁니다. 하지만 그저 돈을 벌려고만 한다면 정신적으로 약해집니다.

또 경영상의 신념도 매우 강해집니다. 그래서 매우 대담하게 공장이라든가 시설을 지을 수 있었습니다. 제 개인의 돈을 손해 보지 않을까 하는 걱정은 하지 않았습니다. 이익은 당연히 다시 사용하기 위해 사회로부터 받은 투자라고 믿었기 때문입니다.

실제로 돈을 아무리 많이 벌어도 그 돈을 저세상까지 가지고 갈 수는 없습니다. 언젠가는 누군가에게, 또는 국가에 환원해야 합니다. 결국 그렇게 생각하면 되는 것입니다. 일부는 보수로 받아 제가 사용하는 것이 허락되지만 대부분은 멋대로 사용해서는 안 되는 것입니다.

17

경영 이념이
있어야 한다

결단력이 있습니까? 선견지명이 있습니까?

실행력이 있습니까? 덕은 있습니까?

이 모두 어느 정도는 필요합니다.

그러나 가장 중요한 것은

확고한 경영 이념을 가졌느냐입니다.

최고 경영자의 자리에 오른 지 몇 년이 지났습니다. 하지만 아직도 저는 경영자로서 자질이 부족하지 않은가 고민할 때가 있습니다. 경영자가 가져야 할 자질과 조건에는 여러 가지가 있겠습니다만, 마쓰시타 씨는 특히 무엇이 중요하다고 생각하시는지 말씀해 주십시오.

[마쓰시타]

경영자로서 필요한 자질과 조건으로는 여러 가지가 있습니다. 예를 들면 통솔력, 결단력, 실행력, 선견지명, 나아가서는 덕 같은 인격적인 요소도 있습니다. 물론 경영자인 이상 완전무결함까지는 기대할 수 없더라도 이런 요건을 어느 정도씩은 갖춰야 하겠지요. 선견지명은 있지만 결단력이 없어서는 경영자로서 실격이기 때문입니다.

하지만 그중에서도 가장 중요한 요소를 꼽자면 저는 경영 이념이 아닐까 합니다. 사회와 대중은 그 기업이 존재하는 것이 사회에 유익한지 의문을 제기하는데, 이에 대한 대답이 바로 경영 이념입니다.

즉 경영자는 누군가에게 물어보든 안 물어보든 이 회사는 무엇을 위해 존재하며, 이 회사를 어떤 방향으로 이끌어 어떤 모습으로 만들어 나갈지에 대해 스스로 묻고 그에 대한 자답自答을 해야 합니다. 다시 말해 확고한 경영 이념을 가져야 하는 것입니다.

앞에서 경영자에게 필요한 조건을 몇 가지 들었는데요, 결국 그런 것도 올바른 경영 이념이 있을 때 비로소 의미가 있지 않을까 싶습니다. 결단력을 예로 들어 보겠습니다. 잇달아 발생하는 문제에 적절한 결단을 내리는 것은 최고 경영자가 반드시 해야 할 중요한 일입니다. 경영자가 결단을 내리지 못해서는 일이 진행되지 않습니다. 또한 잘못된 판단을 한다면 회사가 위험에 빠질 수도 있습니다.

하지만 경영자로서 최후의 결단을 내리는 것은 참으로 고독한 일입니다. 그런 고독감을 맛보면서 결단을 내릴 때는 무엇을 근거로 삼아야 한다고 생각하십니까? 물론 손익 계산은 할 것입니다. 일상의 작은 결단은 그것으로 충분하겠지만 최고 전략은 그것만으로는 부족합니다. 역시 무엇이 옳으냐는 관점에 입각하는 것이 중요하며 그 밑바탕을 이루는 것은 올바른 경영 이념입니다. 항상 그 경영 이념에 비추어 판단을 내려야 하는 것입니다.

머리로만 생각한 경영 이념은 진정한 경영 이념이 될 수 없습니다. 경영자의 인생관이라든가 인간관, 세계관 같은 깊은 신념이 뿌리가 되어야 합니다. 즉 그 사람의 인간성 그 자체라고나 할까, 말하자면 경영자의 피와 살을 이루고 있을 정도여야 합니다. 아무리 내용이 훌륭해도 단순히 말뿐인 경영 이념에서는 살아 있는 힘이 나오지 못합니다.

18

지속적으로
목표를 부여하고 있는가

물은 고이면 썩는 법입니다.

마찬가지로 경영도 흘러야 합니다.

결코 정체되어서는 안 됩니다.

그러므로 경영자는 항상

회사와 직원이 진화하도록

목표를 부여해야 합니다.

힘들었던 시대에는 자는 시간도 아까워하며 일찍부터 출근해 일하던 직원들이 요즘은 현재 상황에 안주해 버려 패기가 전혀 느껴지지 않습니다. 조직이 노화되고 있는 것은 아닌가 걱정됩니다. 마쓰시타 씨께서는 경영자로서 이를 막기 위해 어떤 수를 써야 한다고 생각하십니까.

[마쓰시타]

솔직히 말씀드리면 오히려 제가 묻고 싶을 정도입니다. 그만큼 조직의 노화를 막는다는 것은 어려운 문제입니다. 자칫하면 노화하고, 자칫하면 현재에 안주하려 합니다. 이것이 인간의 본성일 것입니다. 그러므로 부분적으로 노화되는 것까지 막기는 매우 어렵습니다. 국가든 기업이든 노화가 끊임없이 일어나고 있습니다. 전체적으로는 원활해 보여도 각 부분에서는 노화가 진행되고 있습니다. 이러한 현상을 막고 전체를 더욱 진화시키기는 참으로 어렵습니다.

하지만 대답을 안 할 수는 없으니, 일단 제 견해를 말씀드리도록 하겠습니다. 노화를 막기 위해서는 역시 경영자가 그 문제를 끊임없이 의식해야 합니다. 그리고 항상 그 문제에 대해 주의를 환기시키려는 노력을 게을리하지 말아야 합니다. 그렇지 않으면 조직은 노화할 수밖에 없습니다. 노화하지 않기 위해서는 이렇게 해야 한다고 경영자가 끊임없이 호소해야 합니다. 조직의 노화를 막기 위한 구체적인 방법을 제시하지는 않더라도 비전을 제시할 수는 있습니다. 그러면 노화 현상을 다소 줄일 수 있지 않을까 생각합니다. 즉 경영자의 경영 태도에 따라 노화를 막을 수도 있다는 뜻입니다.

물은 고이면 썩기 때문에 흘러야 합니다. 경영도 계속 흘러야 합니다. 경영이 항상 흐른다는 것은 매일매일 새로워져야 한다는 뜻입니다. 그러므로 경영자는 조직이 항상 진화해 나가도록 지도해야 합니다. 그러지 않으면 부분적으로 노화하거나 정체 현상이 일어납니다. 경영자는 항상 나아갈 방향을 가리켜야 합니다. 그리고 그 방향으로 나아가자고 호소해야 합니다. 호소를 하지 않으면 노화 현상이 일어납니다.

원칙적으로 볼 때 가만히 있으면 노화가 일어날 수밖에 없습니다. 그렇지 않으려면 행동해야 합니다. 즉 노화를 일으키지 말자고 호소하는 것입니다. 경영자는 그 노력을 아끼지 말아야 합니다. 저는 그렇게 믿습니다.

그래서 저는 때때로 5년 뒤를 이야기를 합니다. 1956년 1월 10일의 경영 방침 발표회에서 "5년 뒤에는 생산량을 네 배로 늘린다."라고 발표했습니다. 1955년의 생산 판매액이 220억 엔이었으니까, 1960년에는 그 생산 판매액을 880억 엔으로 늘리겠다는 선언입니다. 그렇게 목표를 부여한 것입니다.

그러면 직원들은 5년 뒤에 과연 그 목표를 달성할 수 있을지 반신반의합니다. 하지만 사장이 하겠다고 선언했으니 직원들 역시 그 목표를 염두에 둘 수밖에 없어지고, 일을 할 때도 힘이 들어갑니다. 그런데 5년째에 1,000억 엔을 돌파했습니다. 처음에 목표했던 생산 판매액이 880억 엔이었으니, 배가 아니라 다섯 배 이상 늘어난 것입니다.

그래서 다음에는 주 5일 근무 제도를 도입하겠다고 발표했습니다. "미국에서는 이미 주 5일 근무를 시행해 근로자가 일주일에 이틀을 쉬게 합니다. 그러니 우리도 주 5일 근무를 합시다. 미국이 했듯이 우리도 할 수 있을 겁니다. 당장 내일부터는 힘들겠지만 5년 뒤에는 가능하리라고 생각합니다."라고 말했습니다. 그리고 5년 뒤에는 정말로 주 5일 근무제를 도입했습니다. 또 그다음 목표로 5년 뒤에는 유럽의 임금을 제치고 미국의 임금 수준에 접근하겠다고 발표했습니다.

이렇듯 저는 경영자라면 항상 목표를 부여해야 한다고 믿습니다. 그러면 사람의 본성은 원래 착하기 때문에 기본적으로 잘못된 목표가 아닌 이상 찬성해 줄 것입니다. 물론 나와 생각이 다르니 선악의 문제와는 상관없이 반대할 수밖에 없는, 소위 사상의 차이에 따른 반대는 어쩔 수 없습니다. 하지만 그렇지 않은 범위에서는 내용에 문제만 없다면 목표를 정해 사람들의 마음을 그것에 집중시킬 수 있습니다. 그리고 이를 통해 회사가 정체되지 않도록 할 수 있지 않을까 싶습니다.

19

고민은
나쁜 것이 아니다

고민이 되어 한탄하고 싶어질 때가 있습니다.

그럼 그 고민을 다른 각도에서 바라볼 수 있는지요?

또 고민거리가 있을 때마다 지혜를 얻을 수 있는지요?

또 고민이 꼭 나쁜 것만은 아님을 깨달을 수 있는지요?

경영자로서 고민이 많습니다. 특히 요즘은 밤에도 종종 잠을 이루지 못합니다. 마쓰시타 씨께서도 경영자로서 수많은 고민에 직면하셨을 것 같은데요, 그럴 때 그 고민을 어떻게 극복할 수 있었나요?

[마쓰시타]

그런 상황이 오면 모든 구속에서 벗어나 해석 방법을 바꿔 봅니다. 저는 지금까지 그런 상황을 많이 겪었다고 할 수 있습니다. 순탄한 길을 걷지는 않았습니다. 이것은 예를 들어서 설명을 드리는 편이 좋을 듯합니다.

옛날에 제가 중심이 되어서 젊은 사람 50명 정도를 고용해 일한 적이 있습니다. 모두들 열심히 일했기 때문에 참으로 기뻤습니다. 그런데 50명 중에 나쁜 짓을 하는 사람이 한 명 있었습니다. 물건을 속이는 정도까지는 아니었지만, 그와 비슷한 짓을 하는 친구였습니다. 저는 신경이 예민했기 때문에 그 문제로 매우고민했습니다. 50명 중에 그런 나쁜 짓을 하는 사람이 있으면 곤란하다는 걱정에 신경이 쓰여 잠을 이루지 못했습니다. 그래서그 사람을 그만두게 해야 할지를 놓고 무척 망설였습니다. 이것도 역시 하나의 고민이라 할 수 있습니다.

그런데 그때 문득 깨달은 바가 있었습니다. 지금 일본에는 나쁜 짓을 하는 사람이 몇 명이나 있을까 하는 것이었습니다. 일단법을 어긴 사람이 몇 명이나 있을지 생각해 봤습니다. 예를 들어법을 어긴 사람이 10만 명 있어서 이들이 교도소에 있다고 가정해 보겠습니다. 이른바 형법을 위반한 사람들입니다. 그런데 교도소에는 가지 않았지만 경범죄를 저질렀다가 훈방된 사람의 수는 그 세 배에서 다섯 배는 될 것입니다. 그렇다면 그 수는 50만명이 넘을지도 모릅니다. 그런데 법을 위반했다고 해서 그 사람들이 일본에서 추방되지는 않습니다. 아주 죄질이 나쁜 사람은 교도소에 들어가지만 나머지는 훈방 등의 조처로 국내에 머무릅니다. 이 사실을 문득 깨달았던 것입니다.

당시는 모두 천황을 신처럼 존경하던 시기였습니다. 그런데 그 힘을 가지고도 죄인의 수를 줄일 수는 없었습니다. 따라서 죄가 너무 큰 사람은 별도로 격리하고, 그 정도가 아닌 사람은 용서해 주었습니다. 그것이 현실의 일본 모습이었습니다. 그 속에서 저는 일을 하고 있었습니다. 좋은 사람만 고용해 일하는 것은 너무 염치없다는 생각이 들었습니다. 그래서 저는 사람을 많이 고용한다면 그 비율만큼은 나쁜 사람도 받아들여야 한다고 여기게 되었습니다.

그렇게 생각하자 머릿속이 상쾌해졌습니다. 그전까지는 '저런 친구는 데리고 있을 수 없어.'라고 생각했지만, 그 친구를 용서할 마음이 생긴 것입니다. 만약 사업이 잘되어 직원의 수가 1,000~2,000명이 넘게 되면 그중에는 회사에 충실하지 않은 사람도 몇 명 있을 것입니다. 하지만 그들조차도 끌어안고 가지 않으면 안 된다는 생각을 했습니다. '나는 이런 일로 고민하고 있을 수는 없다.', '큰 사업을 하는 데 좋은 사람만을 데리고 일하는 건 염치없는 행동이다.'라고 해석했습니다. 그러고 그 뒤에는 매우 대담하게 사람을 고용하게 되었습니다. 다행히 회사를 망칠 만큼 나쁜 사람은 들어오지 않았습니다. 물론 다소 잘못을 저지르는 사람은 있었습니다. 하지만 대세를 뒤엎을 정도는 아니었습니다. 덕분에 매우 편해졌습니다. 이것은 곤란에 직면했을 때 해석 방법을 바꿔 어려움을 극복한 사례 중 하나입니다.

마찬가지로 장사할 때도 대금을 지급하지 않는 곳이 생깁니다. 이것도 역시 고민거리입니다. 이런 상황이 되면 '열심히 일해서 상품을 만들었는데 그 대금을 주지 않는다니, 괘씸한!'이라고 화가 나기 마련입니다. 하지만 원숭이도 나무에서 떨어질 때가 있는 법이니, 전체 거래처의 몇 퍼센트 정도는 어쩔 수 없다고 포기하는 것이 좋습니다. 아마 여러분도 그렇게 생각하고 계시지 않을까 짐작해 봅니다.

요컨대 '전체 매출액의 1퍼센트 정도는 그냥 눈감아 주자.', '그런 일로 한탄하거나 화를 내지 말자.', '돈을 주지 않는 곳이 있으면 찾아가서 대화를 통해 돈을 받으려고 노력하자.'라고 마음먹고 그것을 고민거리로 여기지 않는 것입니다. 그런 생각으로 거래처를 만나자 비교적 손쉽게 돈을 받을 수 있었습니다. 어떤 문제가 생길 때마다 이런 식으로 마음 편하게 해석한 것입니다.

하지만 그렇게 해석하기 전에는 역시 몇 시간에서 길게는 며칠 동안 고민을 했습니다. 이것은 어쩔 수 없는 일입니다. 사람에게는 늘 고민이 따릅니다. 하지만 그 고민에 굴복하지 않도록, 최후의 결론을 내릴 때는 고민을 해소하는 방향으로 해석해야 한다고 믿습니다. 저는 다행히 그렇게 노력하면서 지금까지 살아왔습니다. 여러분이 어떤 사업을 하고 있는지는 모르지만, 아마도 여러 가지 불쾌한 일이 생길지 모릅니다. 밥맛이 나지 않을 때도 있을 것입니다. 이른바 이상과 현실의 차이 때문입니다. 하지만 그럴 때마다 '나를 발전시키게 되지 않을까?', '그런 일이 있을 때마다 지혜가 하나씩 생기지 않을까?'라고 생각하면 고민이 꼭 나쁜 것만은 아닙니다.

20

올바른 자가
최후에 승리한다

아무리 경쟁이 치열할 때라도 길은 있습니다.

약속을 올바르게 실행하면 신용이 생깁니다.

전쟁(제2차 세계 대전) 전의 이야기입니다만, 소켓의 원가가 10전이었습니다. 그것을 8전에 팔았습니다. 2전을 손해본 셈입니다. 당시 일본에서 소켓을 제조하는 회사는 대여섯 곳밖에 없었습니다. 저희도 그중 하나였습니다. 각 회사는 이래서는 안 되지 않겠느냐는 생각에 서로 협조하기로 했습니다. 그래서 각 회사의 사장들이 모여 약속을 했습니다. 당시에는 독점 금지법도 없었던 시절이기 때문에 다섯 곳이면 다섯 곳 모두가 말을 맞추면 만사 오케이였습니다. 그렇게 약속을 하고 어느 날부터 그것을 실행하기로 했습니다. 저는 우리가 연판장에 이름을 적은 이상 약속을 지키기로 마음먹고 제 날짜에 실행에 옮겼습니다.

그리고 두세 달이 지났습니다. 대리점 회의가 열렸는데 다들 저를 심하게 비난했습니다.

"마쓰시타 씨, 이거 너무하는 거 아니오? 당신들이 이번에 서로 협의를 한 모양인데, 다른 곳에서는 전부 하다못해 1만 개나 2만 개 정도는 예전 가격에 팔았단 말이오. 그런데 당신네만 가격을 깎아 주지 않는 거요. 정말 실망이오. 지금까지 얼마나 당신네 비위를 맞춰 왔는지 아시오? 내 화가 나서 꼭 이 말을 해 주고 싶어 찾아왔소."

그때 저는 그 말을 듣고 깜짝 놀랐습니다. 모두 약속을 지키고 있다고 믿었는데 사실은 지키지 않았던 것입니다. 지키고 있더라도 "이번에 협의를 해서 가격을 올리기로 했으니 그전에 2만 개를 사시오, 1만 개를 사시오."라며 예전 가격으로 팔고 있었던 것입니다. 제대로 약속을 지킨 곳은 우리뿐이었습니다. 그러니 대리점에서 화를 내는 것도 당연했습니다. 특히 우리를 신경 써 주던 곳의 분노는 더 컸을 것입니다.

그래서 저는 대리점 사장님들께 말했습니다.

"알겠습니다. 여러분의 처지가 되어 생각하면 이렇게 화를 내시는 것도 당연한 일입니다. 하지만 여기에는 이런 사정이 있습니다. 얼마 전 도쿄에서 각 회사의 사장님들이 모여 연판장을 돌렸습니다. 남자 대 남자의 약속을 한 겁니다. 그리고 저는 그 약속을 실행했습니다. 지금껏 다들 실행하고 계실 것으로 믿었는데 여러분의 말씀을 들어 보니 저희만 실행하고 있는 것 같군요. 저는 저희 마쓰시타가 잘했다고 생각합니다."

그리고 이어서 이렇게 말했습니다.

"여러분은 그런 약속을 실행하는 마쓰시타 전기에 불평을 하고 계십니다. 하지만 그렇게 연판장까지 돌린 약속을 지킨 회사가 저희뿐이라는 사실을 알아주셨으면 합니다. 올바르게 약속을 실행한 저희를 믿으신다면 앞으로도 구입해 주십시오. 하지만 그런 약속을 지켜서 실망이라고 생각하신다면 거래를 끊으셔도 원망하지 않겠습니다."

그러자 모두 "잘 알겠소. 그 말을 듣고 보니 일리가 있군요."라며 더는 아무 말도 하지 않는 것이었습니다. 그 뒤로 저희에 대한 신뢰는 두터워졌고, 점점 점유율이 높아졌습니다. 결론적으로 저희의 신용을 높여 주기 위해 다른 회사가 손해를 본 셈이 되었지요. (웃음) 이렇듯 장사라는 것은 참으로 재미있습니다.

사람은 욕심만을 앞세워서는 안 됩니다. 올바른 일을 하면 인정을 받습니다. 그 순간 제 머릿속에는 '아아, 다른 곳에서는 약속을 지키지 않았구나. 믿을 수 없는 사람들이야.'라는 생각이 스쳐 지나갔습니다. 그리고 커다란 자부심을 느꼈습니다. 그래서 당당하게 말한 것입니다. "여러분은 이런 마쓰시타 전기를 신뢰하십니까? 저는 여러분과의 약속도 이렇게 지킬 것입니다."라고 말입니다. 그 결과 저희의 신용은 단숨에 높아졌고 돈도 저희가 가장 많이 벌었습니다. (웃음)

그때 저는 그와 같은 치열한 경쟁 속에서도 길이 있음을 깨달았습니다. 결국, 올바른 자가 최후에 승리하는 것입니다.

21

돈을
빌리는 방법

자신이 하는 사업이 올바르다는 신념이 있으면

남에게 권하고 싶어지며 설득하려는 마음이 생깁니다.

그것은 은행에서 자금을 빌릴 때, 물건을 팔 때,

주문을 따낼 때 등에 모두 통용되는 진리입니다.

금융 기관에서 돈을 빌려주지 않아서 자금 곤란을 겪고 있습니다. 뭔가 은행에서 자금을 빌릴 좋은 방법이 있으면 가르쳐 주십시오.

[마쓰시타]

은행에 가서 "돈을 빌려주십시오."라고 했는데 "당신의 회사는 규모가 작아서 돈을 빌려드릴 수 없습니다."라며 거절했다고 가정해 보겠습니다. 그때 "아, 그렇습니까? 어쩔 수 없지요."라며 물러나면 절대로 돈을 빌릴 수 없습니다. 나에게 상대를 설득할 만큼의 열정이 있어야 합니다. 자신이 하고 있는 일이 절대 잘못되지 않았다는 신념이 있으면 은행 직원을 반드시 설득할 수 있을 것입니다.

"하지만 규모가 작다고 해서 약한 것은 아니지 않습니까? 규모가 작기 때문에 오히려 강합니다. 그걸 모르신단 말입니까?"라고 설득하는 방법도 있습니다. 그러면 그 열정에 져서 "생각해 보니 당신이 하는 말도 일리는 있군요. 그러면 이 정도 돈을 빌려 드리겠습니다."라고 할지도 모릅니다. 열정이 있고 없고의 차이는 이렇게 큽니다. 이것은 물건을 팔 때나 주문을 따낼 때도 마찬가지입니다. 중소기업이든 대기업이든 먼저 자신이 확고히 믿는 것이 있어야만 합니다.

그러므로 이것 역시 신념의 문제입니다. 그 신념은 그것이 올바른 것이냐 아니냐에 대한 자문자답에서 탄생합니다. 아무리 말솜씨가 좋은 사람도 자신이 잘못된 일을 하고 있다고 생각하면 신념을 가지지 못합니다. 자신은 올바른 일을 하고 있다고 믿고 그것을 다른 사람에게 권하고, 받아들이게 해야 한다고 생각한다면 대개의 경우 설득에 성공할 것입니다.

4장

순수

명예라든가 평판 등 본질과 관계없는 것에 신경 쓰지 마라.

여러 의견을 듣되 순수한 마음으로 하나의 올바른 의견을 찾을 수 있어야 한다.

삿된 소리를 듣지 않으면 비로소 올바른 판단을 할 수 있다.

올바로 판단하고 제대로 설득해야 한다.

22

결단을
내리는 방법

마음을 비우고 바라보십시오.

잡음을 구분해 내십시오.

그렇게 해서 직원의 진언을 간파하고

결단을 내리는 것이 경영자가 할 일입니다.

경영자는 작은 결단부터 큰 결단까지 다양한 결단을 내려야 합니다. 그중에서도 특히 큰 결단을 내려야 할 때는 항상 몸이 찢겨 나가는 듯한 심정이 되곤 합니다. 그럴 때 경영자가 명심해야 할 점은 무엇이겠습니까?

[마쓰시타]

진실을 바라보는 것이 아닐까 생각합니다. 진실을 바라보려면 마음이 순수해야 합니다. 욕심을 품고 바라봐서는 안 됩니다. 마음을 깨끗이 비우고 바라본다고 할까… 순수한 마음으로 바라보면 참모습을 알 수 있습니다.

무엇인가에 마음이 사로잡혀서는 안 됩니다. 명예에 사로잡히

거나 세상의 평판에 사로잡혀서는 안 됩니다. 그런 것에 얽매이지 않고 '비웃을 테면 비웃어라. 나는 올바른 길을 가고 있다.'라고 믿는 강한 마음이 있어야 합니다. 잡음에 마음이 흔들려서는 안 되는 것입니다.

물론 잡음도 외면하지 말아야 합니다. 잡음을 전부 차단해 버리면 그것은 독단이 됩니다. 다만, 잡음에 구애받지 않도록 해야 합니다. 잡음을 구분해 내는 것입니다. 경영자는 잡음을 구분해 낼 줄 알아야 합니다. 잡음을 구분해 내지 못하면 오판을 합니다. 경영자가 오판을 하면 회사는 손해를 봅니다. 그런 의미에서 경영자는 잡음도 들으면서 그것을 구분해 낼 때 비로소 올바른 판단을 내릴 수 있습니다.

예를 들어 아무리 좋은 사람이라 해도 그의 의견이 잘못되었음을 간파할 수 있어야 합니다. 이런 일은 많이 있습니다. 그는 회사를 생각하는 마음에서 진언을 하지만 때로는 착각을 일으켜 잘못된 진언을 할 때도 있습니다. 그럴 때 경영자는 "자네 지금 착각하고 있네."라고 말해 줄 수 있어야 합니다. 대장은 군사軍師와 다르기 때문입니다. 군사는 이러한 전법을 사용하면 어떻겠냐고 진언합니다. 그 전법을 사용하면 이길 수 있다고 생각하기 때문입니다. 그러나 그 진언을 받아들이느냐 받아들이지 않느냐를 결정하는 것은 대장이 할 일입니다. 대장이 하는 일은 결정뿐입니다. 군사가 열 명 있으면 그 열 명의 의견이 일치할 때도 있지만 여러 갈래로 갈라질 때도 있습니다. 이때 어느 의견을 채택할지는 대장이 결정합니다. 결정하지 않는 대장은 우장愚將이며, 우장은 전쟁에서 이기지 못합니다. (웃음)

대장이 결단을 내립니다. 그러면 전원이 보조를 맞춥니다. 이때 중요한 것은 대장의 통솔력입니다. 그 통솔력은 대장의 식견에 따라 결정됩니다. '우리 대장이 결정한 것이니 틀림없어.', '우리는 따르기만 하면 돼.'라고 생각하며 따르게 해야 합니다.

23

순수한 마음으로
판별한다

무엇이 옳은지 순수한 마음으로 판별하십시오.

그리고 상대를 잘 설득하십시오.

술수를 쓸 필요는 없습니다.

중국 고전이나 역사서를 보면 권모술수에 능한 인물이 라이벌이나 적을 쓰러트리고 권력을 쥐는 이야기가 종종 나옵니다. 지도자에게는 이런 권모술수가 필요한 것인지요?

[마쓰시타]
권모술수는 필요 없습니다. 그런 술수를 부릴 필요는 없다고 봅니다.

경영이든 정치든 원래 정직해야 합니다. 제가 진정으로 바라는 바는 순수하게 세상을 바라보는 사람을 키우는 것입니다. 순수한 마음이 되면 참모습을 알 수 있습니다. 참모습이 보이면 어떤 것이 좋은지 나쁜지 알 수 있습니다. 그리고 이를 바탕으로 결단을 내리는, 그런 신념을 만들어야 합니다. 뭐, 그렇다고는 해도 어느 정도의 설득력은 필요하지만 말입니다. 하지만 지도자에게 가장 중요한 기본 능력은 무엇이 올바른지 판별하는 것입니다. 그리고 상대방을 잘 설득해야 합니다. 이것이 두 번째로 중요한 능력입니다. 지도자는 먼저 첫 번째 능력을 키워야 합니다. 두 번째 능력은 배운다기보다는 터득하는 것입니다. 이 두 가지 능력을 익히면 남은 것은 그것을 실천하는 일뿐입니다.

24

여론과 어떻게
대치할 것인가

평상시에는 여론을 따르십시오.
그러나 비상시에는 여론을 거스르며
행동해야 할 때도 있습니다. 그때그때의
정세를 바탕으로 생각하고 결심하십시오.
중대한 일에 임하면서
결정을 내리지 못해서는 안 됩니다.

＊

　모름지기 우리는 앞으로 나아갈 때와 물러날 때를 아는 것이 매우 중요합니다. 물러날 때는 물러나고 나아갈 때는 나아가야 합니다. 흔히 그것이 적절하지 못하면 과오를 저지른다고들 말합니다. 저 역시 그렇다고 생각합니다. 따라서 지금 이 불황의 시기에 어떻게 행동하느냐가 중요합니다. 여기에서 앞으로 나아가는 것과 물러나는 것은 그만두느냐 그만두지 않느냐가 아니라 어떻게 지휘하느냐입니다. 그것이 진퇴입니다. 즉 지휘를 할 수 있느냐 없느냐의 문제인 것입니다. 사소한 부분에 이르기까지 적절한 지휘를 할 수 있어야 합니다.

　올바른 예가 될지 모르겠습니다만 여론이라는 것은 중요합니다. 정치가라 해도 여론에 맞설 수는 없습니다. 그러므로 여론을 따라가면 문제는 없습니다. 이것은 평상시에는 맞는 말이라고 생각합니다. 하지만 오다 노부나가의 오케하자마 전투는 여론을 거스른 것이었습니다. 그때 노부나가 측 사람들 모두의 의견은 농성籠城을 하자는 것이었습니다.

"불과 2천밖에 안 되는 군사로 평지에서 2만 대군과 맞선다면 질 것이 틀림없다. 차라리 농성을 하며 버티다 보면 구원군이 나타날지도 모른다. 그러니 질 것이 뻔한 평지 전투는 생각하지 말고 농성을 하자."

이것이 당시 여론이었습니다. 모든 가신의 여론은 농성을 해서 시간을 벌자는 것이었습니다. 그러나 노부나가는 이에 반대했습니다. "그런가? 그대들의 생각이 그러하다면 그렇게 하게. 나는 혼자라도 가겠네."라며 출발했습니다. 노부나가는 지금이 앞으로 나아가야 할 때임을 알았던 것입니다.

'농성을 한다면 패배할 것이 틀림없다. 승부는 시간의 운이니 한번 부딪쳐 보자.'

이렇게 생각하고 공격을 결행한 것이 적중했습니다. 여론과 반대로 행동해 승리한 것입니다.

경영자는 기본적으로 여론을 따릅니다. 물론 여론에 따라 지휘를 하는 것은 좋습니다. 하지만 때로는 여론을 거스를 필요도 있습니다. 그래야 할 때를 아느냐 모르느냐가 문제인 것입니다. 뭔가 알쏭달쏭한 이야기처럼 들리겠지만, 이것은 매우 중요한 문제입니다. 평상시에는 항상 여론을 바탕으로 행동하면 틀림이 없습니다. 하지만 비상시에는 여론과 반대로 행동해야 활로가 열릴 때도 있다는 말입니다.

그러므로 그때그때의 정세를 바탕으로 판단하고 결심해야 합니다. 그러한 결정을 제대로 하지 못하는 사람은 지도자로서 자격이 없습니다. 경영자가 하는 일은 결정뿐입니다. 군사는 전투 방법을 알고 있습니다. 이렇게 하면 이긴다든가 진다는 식으로 말입니다. 그러나 전투를 할지 안 할지는 대장이 결정합니다. 그 결정권은 군사가 아니라 대장에게 있습니다. 일단 싸우겠다고 결정하면 군사에게 가장 효율적으로 싸울 방법을 궁리하도록 명령하면 됩니다. 다만 싸울 것인가 싸우지 않을 것인가는 대장이 결정해야만 합니다.

저는 경영자도 마찬가지라고 생각합니다. 결의조차 하지 못하는 사람, 중대한 문제를 앞에 두고 의사결정을 하지 못하는 사람은 경영자가 아닙니다. 그런 사고방식을 확고히 가져야 합니다. 경영자는 중요한 일이 닥치면 결정을 내린다는 마음가짐을 항상 품고 있어야 합니다. 그러지 않으면 결단을 내리지 못합니다. 중요한 일이 닥쳤을 때 망설이고 맙니다.

평상시에는 작은 일에 망설여도 상관없습니다. "난 모르겠네." 라고 해도 됩니다. 그래도 큰 문제는 없습니다. 하지만 중대한 상황에서 그래서는 안 됩니다. 그때는 스스로 생각해 "좋았어, 이렇게 하자!"라고 즉시 말할 수 있어야 합니다. 중대한 일이 코앞에 닥쳤을 때 바로 결정을 내리고 말할 수 있으려면 항상 자신을 갈고닦아야 합니다.

장사라는 것, 혹은 경영이라는 것, 국가 경영이라는 것은 참으로 힘든 일입니다. 하지만 매일 힘든 상황이 계속해서 이어지지는 않습니다. 평소에는 별일 없으면 좀 느슨해도 괜찮습니다.

※

"뭐, 그건 알아서 적당히 처리해 주게."라고 해도 됩니다. 하지만 이건 중대한 문제다 싶을 때는 철저히 대처해야 합니다. 우리 회사의 경영도 그렇습니다. 그러지 않고서는 많은 사람에게 기쁨을 줄 수 없습니다. 경영자는 그런 일을 하는 사람입니다.

25

경험을 통해
감을 키운다

직감과 과학, 어느 한 쪽에 치우쳐도 좋지 않습니다.

이 두 가지를 수레의 두 바퀴처럼

사용해야 하지 않을까요?

회사의 미래를 크게 좌우할 결정을 내려야 하는 상황이 되었습니다. 저는 경험상 반드시 성공하리라고 확신하지만, 사전 조사 결과는 그리 좋지 못했습니다. 제 감을 믿고 밀어붙여야 할지 아니면 조사 결과를 중시해 좀 더 상황을 지켜보는 편이 좋을지 망설여집니다.

[마쓰시타]

감으로 판단을 해도 좋은지, 그래서는 안 되는지의 문제군요. 저는 양쪽 모두 맞는다고 봅니다. 하지만 어떤 문제를 과학적으로 결정한다고 해도 역시 마지막에는 직감을 발동해야 하지 않을까요?

그와 조금은 다른 경우지만, 최근에 저는 회사에 갔다가 놀란 적이 있었습니다. 저희 회사의 내부 사정을 발설하는 것 같아 조금 조심스럽습니다만, 제일 잘 알고 있는 사례이니 말씀드리도록 하겠습니다.

　　본사에서는 지방의 사업장으로부터 보고서를 받습니다. 그것이 240가지나 됩니다. 사업장의 수는 100개 정도인데, 하는 일이 전부 다릅니다. 내용이 다른 것입니다. 제품의 종류도 수십 가지나 됩니다. 그런데도 240가지의 보고서를 받고 있었습니다. 매일 받는 것도 있고 한 달에 한 번 받는 것도 있었습니다.

　　저는 그것을 보고 놀랐습니다.

　　'왜 이런 보고서가 필요할까? 누가 이 보고서를 읽는 것일까? 만드는 사람도 힘들 테고 읽는 사람도 제대로 읽을 수 있을까?'

　　그래서 보고서를 받지 않으면 내일 당장 회사가 망할지도 모르는 것을 빼고는 전부 그만두라고 말했습니다. 그랬더니 보고서의 수가 42가지로 줄었습니다. 그런 것을 기안한 사람은 아마 대학을 졸업한 사람일 겁니다. (웃음) 요컨대 이론적으로만 생각하는 사람입니다.

최근 들어 가장 두드러지는 예로는 전자계산기의 사용이 있습니다. 영업 본부에서는 아침이 되면 어제의 전국 매출액이 바로 나옵니다. "이거 비용이 얼마나 들어가나?"라고 물었더니 "한 달에 360만 엔이 들어갑니다."라는 것이었습니다. 그래서 저는 "이런 건 낭비일세."라고 말했습니다. 그랬더니 "아닙니다. 참으로 편리합니다."라고 반박하기에 저는 이렇게 말해 줬습니다.

"어제의 매출액을 오늘 아침에 바로 손에 넣어서 그것을 가지고 뭘 할지 결정할 때는 유용하지. 하지만 그저 자료를 모으기만 할 뿐 아무 쓸모가 없지 않은가? 우리 사업은 그렇게 안 해도 닷새에 한 번 보고가 들어오면 대체로 알 수 있고 매일 파는 물품이라면 대략 어느 정도 팔리는지 감으로 알 수 있네. 감으로 알지 못하는 사람은 실격이야." (웃음)

그리고 저는 그런 관행을 없애도록 지시했습니다. 전자계산기는 필요 없다고 말입니다. 그것은 분명히 편리한 도구입니다. 아침에 그 숫자를 파악해 점심부터 그 결과를 활용하는 장사라면 전자계산기가 필요합니다. 하지만 우리는 그럴 필요가 없습니다. 전자계산기를 설치해 놓으면 그것을 반드시 사용해야 할 것 같은 느낌이 듭니다. 그러나 편리하다고 해서 필요 없는 것을 해서는 안 됩니다. 저희 같은 회사는 90퍼센트는 경험을 통한 감으로 정확하게 판단할 수 있습니다. 여기에 과학을 10퍼센트 추가하면 그것으로 충분합니다. 다만, 앞으로 수백만 곳에 이르는 거래처를 한 곳에서 통제하며 판매해 나가려면 전자계산기가 분명 필요할 것입니다. 하지만 그런 날이 오면 그때 사용하면 되지 않을까요? 그때까지는 경비를 절약하자고 말했습니다.

저는 감으로 충분할 때와 과학이 필요할 때가 있다고 생각합니다. 그런데 우리의 상행위에서는 감이 아직은 좀 더 도움이 되지 않나 싶습니다. 과학에서도 마찬가지입니다. 과학자는 감이 있어야 합니다. 진정으로 위대한 발명을 하는 사람이나 에디슨 같은 사람도 결국은 감의 도움을 크게 받았습니다. 그는 기차 차장이나 화부로 일하는 동안에 머릿속에 번뜩인 아이디어로 과학적인 발명품을 만들어 냈습니다. 그 번뜩임이 바로 감입니다. 저는 그런 의미에서 감이 필요하다고 느낍니다.

감과 과학은 수레의 두 바퀴라고 생각합니다. 감에만 의지해서도 안 되고 과학에만 치우쳐서도 안 됩니다. 우리 경영자는 그 두 가지를 수레의 양쪽 바퀴처럼 사용하면 되지 않을까 싶습니다.

26

지식과
지혜는 다르다

지혜를 갈고닦으십시오.
스스로 터득해 높여 나가십시오.
서로 아낌없이 지혜를 주고받으십시오.

끊임없는 교육 덕분에 지식의 범위가 매우 넓어졌습니다. 하지만 지식을 인간 생활에 바람직하게 활용하려면 지혜가 반드시 필요합니다.

저는 지혜와 지식이 조금 다르다고 생각합니다. 아무리 지식이 많아도 지혜가 발달하지 않으면 그 지식 때문에 화를 입을 것입니다. 그러므로 지식이 많을수록 그것을 인간 생활에 바람직하게 활용할 수 있게 더 많은 지혜를 터득해야 합니다. 그러지 않으면 지식이 오히려 재난을 부르는 비수가 되지 않을까 우려스럽습니다. 그런 의미에서 전자계산기의 발달은 좋은 일이지만 그에 맞춰 인간의 지혜를 개발하는 데 좀 더 노력해야 할 것입니다. 하지만 인간의 지혜를 개발하는 것은 어려운 일입니다.

학문과 지혜는 조금 다르다고 생각하는데, 여러분은 어떻게 생각하시는지요? 학문은 가르치려 하면 가르칠 수 있습니다. 경제학은 가르칠 수도 있고 배울 수도 있습니다. 반면 경영이라는 것은 가르칠 수도 없고 배울 수도 없습니다. 그것은 도장道場에서 스스로 터득하는 것입니다. 이와 마찬가지입니다. 지식은 가르치고 배울 수 있지만, 지혜는 가르치고 배우기보다는 스스로 터득하는 수밖에 없습니다. 터득한다는 것은 경험을 통해, 또 도장에서 기회를 얻어 '아, 이거구나.' 하고 깨닫는 것입니다. 그리고 그 깨달음을 더욱 발전시켜 나갑니다.

석가모니는 출가해서 고행을 거듭했지만 깨달음을 얻지 못했습니다. 결국은 포기하고 산에서 터벅터벅 내려오다가 지쳐서 쓰러졌는데, 한 처녀가 그를 불쌍히 여겨 양젖을 줬습니다. 그 젖을 마시고 체력을 회복해 보리수 아래서 좌선하며 스스로 깨달음을 얻어 탄생한 종교가 불교입니다. 저는 지혜란 그런 것이 아닐까 생각합니다.

그렇게 터득하기 힘든 지혜가 경시받고 있습니다. 그리고 지식만이 점점 발전하고 있습니다. 최근의 세계적인 혼란은 여기에 원인이 있지 않은가 싶습니다. 이건 중요한 문제구나, 참 어려운 시대구나 하는 느낌이 듭니다. 그러니 "서로 가지고 있는 지혜를 갈고닦읍시다. 여러분의 지혜를 아낌없이 주고받읍시다. 그래서 발전하는 지식을 충분히 활용합시다."라고 서로에게 외치도록 합시다. 주의 깊게 생각하면 문득 깨달음을 얻을 수 있을 것입니다. 그 깨달음이 지혜이며 지혜를 향상시켜야 하는 것입니다. 저는 그런 생각도 합니다.

27

평탄한 길을
걷는다

되도록 위험한 길로 들어서지 않도록

평탄한 길을 걸으려 노력하십시오.

경영하다 보면 종종 장해물에 부딪히곤 합니다. 그럴 때 우리 평범한 경영자들은 그 장해물을 피하려고 하는데 마쓰시타 씨에게서는 그 장해물을 극복해 나가는 힘이 느껴져 항상 감탄하고 있습니다.

[마쓰시타]

그렇게 생각해 주시니 참으로 감사합니다. 그 말씀은 제가 경영을 할 때 장해물이 있어도 거리낌 없이 뛰어넘는 것처럼 보인다는 의미 같군요. 또 걷어차 버릴 수 있는 장해물은 걷어차 버리는 것처럼 보인다는 의미도 어느 정도 담겨 있는 듯합니다. 그런데 사실은 그렇지 않습니다. (웃음) 되도록 저항이 없도록 일해 나가자는 것이 저의 방침입니다. 그렇게 저항 없이 일을 하기 때문에 비교적 원활하게 진행됩니다. 작은 장애물이 있으면 그것을 뛰어넘거나 걷어차고 지나갈 거라고 생각하실지 모르지만 그렇지가 않습니다.

예를 들어 바위를 치운다든가, 뛰어넘는다든가, 걷어차 버리려 할 경우 그것이 잘됐을 때는 문제가 없습니다. 하지만 제대로 되지 않으면 부상을 입습니다. 안 그렇겠습니까? 그러면 얼마간 치료를 받아야 합니다. 그래서 저는 되도록 그런 위험한 길을 가지 않도록 평탄한 길을 걸으려 노력합니다.

하지만 세상을 살다 보면 이쪽에서 피하려 해도 저쪽에서 장해물이 다가오는 경우가 있습니다. 그래도 피할 수 있다면 피하려 노력합니다. 도저히 피할 수 없을 때는 충돌하게 되지만 그것은 피하는 방법을 모르는 것일 뿐 사실은 달리 피할 수 있는 방법이 있을 것이라고 생각합니다. 하지만 완전히 피할 수 없는데도 피하려 하는 것은 쓸데없는 노력입니다. 완전히 피할 수 없다 해도 그 길을 주저 없이 나아가야 할 것입니다. 그리고 장해물에 정면

＊

으로 부딪칠 수밖에 없으면 이번에는 되도록 다치지 않게 부딪칠 방법을 고민해야 합니다. 만약 상대가 살아 있는 생물이라면 상대도 죽지 않도록 궁리해야 할 것입니다.

이거 완전히 선문답이 되어 버렸군요. 죄송합니다. (웃음)

28

영원한 것은
없다

기업뿐만 아니라 모든 것에는 수명이 있습니다.

지금과 동일한 형태로 영원히 유지될 수는 없습니다.

그렇게 생각하는 편이 좋지 않을까요?

일반적으로 기업의 수명은 30년이라고 합니다. 그런데 경제 환경의 변화를 여러 차례 극복하고 오랫동안 살아 있는 기업도 적지 않습니다. 그런 기업을 보면 기업은 역시 경영하기에 따라서 얼마든지 존속할 수 있지 않을까 싶습니다만, 마쓰시타 씨께서는 기업의 수명에 대해 어떻게 생각하시는지요?

[마쓰시타]

결론부터 말씀드리자면 저는 원칙적으로 기업뿐만 아니라 모든 것이 영원히 존재할 수는 없다고 생각합니다. 길고 짧은 차이는 있지만 모든 것에는 수명이 있으며 기업 또한 예외는 아니라는 것이죠.

이에 대해 제가 경험한 일화가 하나 있습니다. 십여 년 전에 높은 덕을 지닌 선승과 대담을 한 적이 있습니다. 그때 저는 "스님, 선종禪宗은 앞으로 어떻게 되겠습니까?"라고 물었습니다. 그러자 그 스님께서는 "자연 소멸되겠지요."라고 대답하셨습니다. 그 대답에 저는 깜짝 놀랐습니다. 다른 사람이면 몰라도 현재 선종에 몸을 담고 있으며 게다가 고승으로 추앙받는 분이 그렇게 단언을 하시니 말입니다. 제가 놀란 것을 눈치채셨는지 스님은 이렇게 덧붙이셨습니다.

"마쓰시타 씨, 그것은 수명입니다. 모든 것에는 수명이 있습니다. 그것이 석가모니께서 말씀하신 '제행무상諸行無常'이라는 것입니다. 그러므로 선종 또한 때가 되면 소멸되는 것입니다."

"하지만 스님, 그렇게 생각하시면 스님도 포교나 설교를 할 때 힘이 빠지지 않습니까?"

"아니요, 그런 일은 없답니다. 언제 수명이 다할지는 모르지만 최후의 순간까지 저는 선종을 포교하며 살 것입니다. 그것이 제 소임이기 때문입니다. 하지만 그건 그것이고 '선종은 앞으로 어

151

떻게 되겠습니까?'라는 질문을 받는다면 지금처럼 대답해 드릴 수밖에 없습니다. 그것이 불교 자체의 가르침이기 때문입니다."

"그렇다면 스님, 제가 경영하고 있는 마쓰시타 전기도 언젠가는 소멸될까요?"

"그렇습니다."

이렇게 마지막에는 농담처럼 되어 버렸지만 저는 이 대화를 통해 크게 성장했다는 느낌을 받았습니다.

고대 중국의 현인은 '일신日新'이라는 말을 했습니다. 모든 만물은 태어나서 하루가 다르게 변화하며 이윽고 소멸됩니다. 그런 모습을 석가모니는 '제행무상'이라고 말씀하셨습니다. 또 고대 그리스의 철학자 헤라클레이토스도 "만물은 유전流轉한다. 오늘의 태양은 이미 어제의 태양이 아니다."라고 갈파했습니다.

이렇듯 하루가 다르게 찾아오는 새로운 변화 속에서 모든 생물에는 각각 수명이 있습니다. 벌레 중에는 며칠이라는 짧은 기간밖에 살지 못하는 것도 있는 반면, 어떤 종류의 거북은 200년 가까이 산다고 합니다. 길고 짧은 차이는 있지만 만물은 언젠가 죽습니다. 사람도 예외는 아닙니다. 개중에는 100년 넘게 사는 사람도 있지만 수명이 있다는 데는 변함이 없습니다. 하물며 생물 이상으로 복잡성을 지닌 기업은 앞에서 스님이 말씀하셨듯이 시대와 함께 시시각각으로 변화하다 언젠가는 소멸된다고 생각할 수 있을 것입니다.

이와 관련한 매우 인상 깊은 사례가 있습니다. 저는 소년 시절에 오사카의 자전거 가게에서 일한 적이 있습니다. 그 무렵 오사카에는 노면 전차가 운행되기 시작했습니다. 그것을 보고 저는 '앞으로는 전기의 시대구나.'라고 느껴 자전거 가게에서 전등 회사로 옮겼고, 훗날 독립해 전기 기구를 만들기 시작했습니다. 노면 전차는 제게 매우 중요한 의미를 지닌 존재였습니다.

그런데 오늘날 오사카에는 노면 전차가 없습니다. 개통 당시에는 최신 교통 기관이었던 노면 전차도 자동차가 보급되면서 교통의 방해물이 되었습니다. 또한 사업적으로도 적자에 빠짐에 따라 노선이 점차 철거되다가 완전히 사라져 버린 것입니다. 일본에서 최초로 노면 전차가 개통된 곳은 1895년의 교토입니다. 그 교토에서도 1978년에는 노면 전차가 완전히 사라졌습니다. 노면 전차 사업은 사회 정세의 변화에 따라 100년을 채우지 못하고 소멸된 것입니다. 이와 같은 사례를 봐도 역시 어떤 기업이든 영원할 수는 없지요. 20년이나 50년, 혹은 100년, 200년, 500년같이 길고 짧은 차이는 있을지언정 원칙적으로는 모두 수명이 있다고 생각하는 편이 좋을 것입니다.

물론 개개인은 수명이 있어도 인류라고 할까… 인간 사회는 오랫동안 존속할 것입니다. 인간이 이 지구상에 태어난 지 수만 년, 혹은 일설에 따르면 수백만 년이 지났다고도 하는데 앞으로도 인간 생활은 오랫동안 생성과 발전을 거듭할 것으로 생각됩니다. 그렇게 보면 기업 역시 인간 사회와 함께 영원히 존속할 수 있다고도 생각할 수 있을 것입니다. 많은 기업 중에는 그런 곳도 있을지 모릅니다. 하지만 동일한 조건, 동일한 형태로 영원히 유지되기는 불가능할 것입니다. 동일한 형태로 존속할 수 있는 기간은 20년이나 50년같이 제한적이라고 생각합니다만, 여러분은 어떻게 생각하시는지요?

5장

신뢰

언제나 사람이 먼저다.

사람을 위해 일하는 것이다.

그러므로 사람을 대할 때는 항상 성심성의를 다해야 한다.

또한 진심으로 대하고 설득해야 한다.

내가 진심으로 다가서야 상대도 진심으로 대하는 법이다.

29

인간은
존귀하다

역시 사람이 먼저입니다.

조직이 사람을 위해 존재하는 것이지

사람이 조직을 위해 존재하는 것은 아닙니다.

이 점을 철저히 인식하지 않으니

잘못을 저지르는 것입니다.

조직을 강하게 만들려면 개인에게 어느 정도 희생을 강요하게
되고, 반대로 개인을 살리려고 하면 조직의 결속력이 약해지는
것 같습니다. 강한 회사로 만들려면 개인과 조직 중 어느 쪽에
비중을 둬야 하겠습니까?

[마쓰시타]
그것은 말할 것도 없이 사람이 먼저라고 생각합니다. 사람을
위해 조직이 존재하는 것이기 때문입니다. 사람이 경시되는 조직
은 실패합니다. 저는 그렇게 생각합니다. 이러한 원칙을 바탕으
로 생각해야 합니다.
항상 사람을 주체로 세워야 합니다. 사람이 주체가 아닌 사고

방식은 모두 사도邪道입니다. 사람이 가장 중심입니다. 모든 생각의 바탕은 이것입니다. 그러면 의외로 판단을 내리기가 쉬워집니다. 하지만 지식에 사로잡혀 생각하면 사람이 주체에서 멀어집니다. 악의를 품고 밀어내는 것은 아니지만 자기도 모르게 그렇게 됩니다. 그래서 저는 사람이 주체이며 존귀하다는 인간 선언이라도 해야 한다고 생각합니다. 인권 선언보다도 인간 선언이 필요하지 않을까 생각합니다.

그런데 2,000여 년 동안 인간관이라는 것은 바뀌지 않았습니다. 여러 가지 사상이 나왔고 종교도 잔뜩 생겼지만 실제로는 예전의 인간관 그대로입니다. 그래서 저는 어떤 사상이 나와도 잘되지 않는 원인이 있다고 생각합니다. 인간관을 바꾸지 않고는 무엇을 가지고 와도 안 되는 것입니다. 그러므로 기존의 인간관을 바꿔야 한다고 봅니다.

지금의 질문에 단적으로 답변을 드리자면, 경영에서는 누가 뭐래도 사람이 먼저입니다. 적당히 생각해서는 안 됩니다. 무슨 일이 있어도 사람이 주체여야 합니다. 반드시 이러한 철학이 있어야 합니다. 그렇게 하면 어느 정도 원활하게 일이 진행될 것입니다. 사실 이러한 생각은 모두가 하고 있습니다. 이미 알고 있다고 여기지만 인간 주체 정신을 철저히 실천하지 못하니까 문제가 생기는 것입니다. 그런 생각이 듭니다.

30

꾸짖는 것도
힘든 일이다

꾸짖지도 않고 가만히 내버려뒀는데

부하 직원이 성장하는 경우는 없습니다.

당신은 꾸짖어 줘서 고맙다고

부하 직원이 느끼도록 할 수 있는 그런 사장입니까?

평소에 직원을 대하다 보면 저도 모르게 화가 나서 호통을 치고
는 합니다. 이런 저를 본 친구는 화만 내서는 오히려 반발심만
키우는 역효과를 불러온다고 충고합니다. 역시 꾸짖을 때는 감
정을 누르고 냉정하게 이야기하는 편이 효과적일까요?

[마쓰시타]
저도 지금까지는 울컥하면 크게 화를 냈는데 요즘엔 기운이 좀
떨어져서 다소 참을 수 있게 되었습니다. 하지만 조금 화를 낼 정
도의 기개는 필요합니다. 목숨을 걸고 열심히 사업을 하면 어떨
때는 큰 소리가 나오는 것도 자연스러운 일입니다. 그것을 참을
수 있는 사람은 대단한 성인군자일 것입니다. 지나치게 성인군자

라서 힘이 없는 것일지도 모르겠습니다만…. (웃음)

어떤 면에서는 입에 거품을 물고 화를 낼 정도의 기개가 있어야 한다고 생각합니다. 제가 삼십 대 중반이었을 때는 직원들을 향해 책상을 두들기며 화를 내고는 했습니다. 그래서 저희 가게에서는 한때 저에게 혼나면 한 사람 몫을 하는 점원이 된 것이라는 말도 있었습니다. "너 아직 혼난 적 없냐? 그럼 아직 멀었단 이야기야."라는 식입니다. (웃음) 그러나 나중에는 직원 수가 너무 많아져서 일일이 화를 낼 수가 없었습니다. (웃음) 이제는 그럴 수 없게 되었지만 꾸짖을 수 있는 인원수일 때는 꾸짖어 주지 않으면 오히려 서운해했습니다. 그렇게 해서 한 사람 한 사람 성장했던 것입니다.

꾸짖지도 않고 가만히 내버려둬도 그 부하 직원이 알아서 성장한다면 그만큼 편한 일도 없을 것입니다. 하지만 세상은 그렇게 편하지 않습니다. 남을 꾸짖는다는 것은 역시 누구에게나 힘든 일입니다. 순간 울컥해 자기도 모르게 화를 냈다고 해도 그것 또한 하나의 노력입니다. 혼나는 사람이 볼 때는 고마운 일입니다.

162

요즘 사람들은 꾸짖음을 당하면 불만스럽게 여깁니다. 하지만 그것은 잘못된 생각입니다. 꾸짖어 주는 사람이 있다는 것은 고마운 일이기 때문입니다. 그래서 꾸짖을 때마다 상대가 뭔가 내놓아야 한다는 생각도 듭니다. (웃음) "안 그래도 바쁜데 한 시간이나 너한테 이러쿵저러쿵 설교했다. 시간이 아까워 죽겠으니 뭔가 내놔라."라는 것입니다. (웃음) 그렇게 말하면 이해할 것입니다. 실제로 제가 지금 10분 동안 꾸짖거나 설교를 하면 그 값어치는 수백만 엔은 됩니다. 정말입니다. (웃음) 만약 그 정도를 벌어들이지 못한다면 회사에 더는 있을 수 없습니다. 그만큼 책임 있는 지위에 있기 때문입니다.

저는 지금 회장이라는 직책을 맡고 있습니다. 아직 세상이, 회사 사람들이 저를 회장으로서 의지하고 있는 동안에는 일을 해야 합니다. 형식적으로는 일하지 않더라도 진심으로 일해야 합니다. 일을 평가하는 기준은 1시간에 얼마를 벌어들이느냐일 텐데, 100만 엔이나 200만 엔 정도로는 아무도 만족하지 않을 것입니다. 그러니 적어도 몇천만 엔은 벌어야 한다고 생각하곤 합니다. 그렇게 생각하기 때문에 꾸짖을 때도 "10분은 꾸짖었으니 자네한테 몇백만 엔은 준 거나 다름없네."라고 말하는 것입니다. (웃음) 뭐, 반쯤 농담입니다만 또 절반쯤은 진담이기도 합니다. 그렇게 말하면 상대방도 깨닫습니다.

31

타인의
장점을 본다

직원에게는 장점도 있고 단점도 있습니다.
그런데 그 장점을 보려고 노력하고 있나요?
직원을 성심성의껏 대하고는 있나요?

사람을 부리는 비결이 없다고는 할 수 없지만, 또 분명히 있다고도 말씀드리기가 힘듭니다. 사람을 부리는 데는 역시 성심성의만 한 것이 없다고 생각하기 때문입니다.

석가모니는 "사람을 보고 설법을 하라."라고 말씀하셨습니다. 늘 똑같은 내용을 똑같이 말해서는 안 된다는 것입니다. 이 사람한테는 이렇게 말하지만, 다음 사람에게는 그와 반대되는 말을 해 두 사람 모두 구제한다는 것입니다. 뭐, 사실 이것은 석가모니이기에 가능한 일일 것입니다. 우리 같은 보통 사람은 이런 방법은 사용하지 않는 편이 좋다고 봅니다.

만약 사람을 부리는 비결이 있다고 한다면 성심성의껏 그 사람을 대하는 것밖에 없습니다. 좀 더 구체적으로 말씀드리자면, 그 사람의 장점을 많이 보는 것이 중요합니다.

　그 극단적인 예로 도요토미 히데요시와 아케치 미쓰히데가 오다 노부나가를 바라본 시선을 들 수 있습니다. 히데요시는 노부나가의 장점을 봤습니다. 시종일관 장점에 주목한 것입니다. 미쓰히데도 매우 성실한 사람이라고 들었습니다만, 항상 노부나가의 결점만을 봤습니다. 히데요시는 노부나가의 장점을 보고 그 장점에 공감했습니다. 하지만 미쓰히데는 결점을 보고 그 결점을 고쳐 주려고 했습니다. 노부나가로서는 어느 쪽이 좋았을까요? 물론 쓴소리를 자주 해 주는 것도 기쁘게 생각해야 하겠지만 그는 그렇게 생각하지 않았습니다.

　'거 참 말이 많은 친구군.'

　이렇게 생각했던 모양입니다. 하지만 히데요시는 자신을 공감해 주었습니다. 그래서 히데요시에게는 "자네 참 대단해."라고 말했습니다. 아마 노부나가가 아닌 다른 누구라도 기분이 좋았을 것입니다. 말솜씨가 좋아서가 아니라 장점을 보기 때문에 그렇게 되는 것입니다.

직원들에게도 장점과 단점이 있습니다. 단점만을 보면 이쪽도 머리가 아픕니다. 그 직원도 단점을 지적받으면 기분이 나쁠 것입니다. 하지만 그 사람에게도 장점은 있습니다. 장점을 보면 '저 사람은 대단한 친구구나, 참 재미있는 친구구나.' 하는 생각이 들 것입니다. 그래서 "자네는 이쪽에 소질이 있으니 이걸 하게."라고 말하면 직원 역시 "알았습니다."라며 자기도 모르게 열심히 일할 것입니다.

사람을 부리는 첫 번째 비결은 성심성의껏 그 사람을 대하는 것입니다. 두 번째 비결은 그 사람의 장점을 보려고 노력하는 것입니다. 그렇게 하면 많은 사람을 부릴 수 있습니다.

이렇게 말씀드리면 그러는 너는 어떻게 하느냐고 물어보시는 분도 계실 것입니다. 저는 사람들의 장점을 보는 편이었습니다. 그래서 비교적 원활하게 사업을 할 수 있었다는 느낌이 듭니다.

때로는 실수를 할 때도 있습니다. 장점만을 보고 단점에는 너무 신경 쓰지 않으면 낭패를 볼 때도 있습니다. 그러므로 적당히 단점에도 신경을 써야 합니다. 하지만 비율로 치면 6 대 4라고나 할까요, 장점에 6, 단점에 4의 비중을 둔다면 웬만하면 사람을 잘 부릴 수 있을 것입니다.

사람을 잘 부리는 비결에 대해 제가 드릴 수 있는 말씀은 이것입니다. 그 밖에는 여러분의 개성을 잘 살리는 것이겠지요.

32

'보이지 않는 계약'에 충실한가

만드는 사람이 있고, 파는 사람이 있고,
사는 사람이 있습니다. 공급자와 수요자 사이에는
'보이지 않는 계약'이 맺어져 있습니다.
과연 그 계약에 따라 충실히 일할 수 있습니까?

마쓰시타 씨께서는 소비자와의 관계에 대해 이른바 '보이지 않는 계약'을 맺고 있는 것처럼 말씀하셨습니다. 그것은 무슨 의미인지요?

[마쓰시타]

예전에 어떤 책을 읽은 적이 있습니다. 수필이었는데 어느 고개에 있는 찻집 이야기였습니다. 그 찻집에는 할머니가 한 분 계셨습니다. 그 할머니는 매일 정각에 그 가게를 열고 음식을 내놓고 뜨거운 차를 끓여서 그 고개를 지나가는 사람들에게 주었습니다. 그것이 습관이 되어서 고개를 넘는 사람은 물론이고 그 할머니도 당연하다는 듯이 늘 그렇게 했습니다. 그것이 하나의 약속처럼 된 것입니다. 고개를 지나는 사람은 언제나 그 찻집에서 할머니가 주는 차를 마시는 것이 습관이 되어 버렸습니다. 이것은 오랫동안 습관이 들어서 그렇게 된 것이기 때문에 하나의 약속이나 다름없었습니다. 이것은 '보이지 않는 계약'이라고 생각할 수 있습니다.

우리 일반 상인이나 제조업에서 일하는 사람은 누군가가 사 줄 것이라 믿고 물건을 만듭니다. 또 물건을 사는 사람 역시 그 물건을 만들어 줄 것이고, 가게에 들여놓을 것이라 믿고 물건을 사러 갑니다. 이것은 '보이지 않는 계약'을 맺은 것과 마찬가지입니다. 그러므로 그 계약에 충실해야 합니다. 고개 위의 찻집에 있는 할머니는 약속이라도 한 듯이 정해진 시간에 차를 내주었습니다. 어떤 사람은 그것을 믿고 고개를 오릅니다. 그렇게 생각하면 우리 제조업체와 일반 대중은 '보이지 않는 계약'을 맺고 있다는 생각을 하고 일해야 한다고 저는 제 자신에게 말합니다.

33

보수와
지위

직원에게 과연 그 지위에 걸맞은
견식과 적성이 있는지 간파해 조치하는 것이
경영자에게 주어진 커다란 책임입니다.

선대先代 때부터 자리를 지키고 있는 간부 직원이 몇 분 계십니
다. 예전 가치관을 가진 그분들의 의견에 좌우돼서 과감한 행동
을 못 하고 있습니다. 그만두시게 할까 생각도 해 봤지만 그분들
의 공적을 생각하면 도저히 그럴 용기가 나지 않습니다. 그분들
을 어떻게 처우하면 좋겠는지요?

[마쓰시타]

당신보다 훨씬 나이가 많고 사업에 대해서도 훨씬 선배인 사람
이 많이 계신다는 말씀이시군요. 그렇다면 의견을 말하기가 좀
힘들 겁니다. 아무래도 배려를 안 할 수가 없겠지요. 저는 여기에
문제가 있다고 봅니다. 결국 적성이 없는 사람에게는 "자네에게

는 적성이 없네."라고 말해야 합니다. 물론 이런 말을 하기는 힘들겠지만 그러지 않고는 좋은 방법이 생기지 않을 것입니다.

포드의 2대 사장은 그 문제로 곤란을 겪었습니다. 헨리 포드는 자신의 힘으로 일가를 이루었습니다. 그런데 헨리 포드가 죽고 아직은 젊은 포드 2세가 할아버지의 뒤를 이어 사장이 되었습니다. 그때 거대한 포드사를 유지하고 있던 사람들은 모두 선대 포드 밑에서 공로를 쌓은 이들이었습니다. 그들이 경영 간부로서 정상의 자리에 올라 있었던 것입니다. 그 결과는 어떻게 되었을까요? 포드는 곧 뒤처져 버렸습니다. 시대와 함께 새로운 것, 새로운 생각이 회사에 필요했는데 그게 부족했던 것입니다.

헨리 포드가 경영하던 시절에 직원으로 입사해 성장한 사람들은 대부분 나이를 먹었습니다. 하지만 공로가 있었으므로 회사의 요직에 그대로 남아 있었습니다. 그들이 중심이 되었기 때문에 새로운 경쟁 회사에 차례차례 밀려났습니다. 이것이 포드가 밟아 온 역사에서 가장 대표적인 과오입니다.

헨리 포드 2세는 크게 고민했습니다. 하지만 이 문제를 더 이상

방치할 수 없다는 생각에 젊은 사람들을 채용하고, 오래 근무한 직원들은 최대한 예후를 하여 그만두게 하거나 다른 업무로 배치하는 등 중요한 지위에서 물러나게 했습니다. 그리고 헨리 포드 2세 자신도 선두에 서서 새로운 지식을 받아들였습니다. 그런 각고의 노력 덕분에 회사를 다시 일으켜 오늘날의 위치에 오를 수 있었던 것입니다.

이렇듯 미국에서도 이런 일들은 참으로 어려운 문제입니다. 하물며 일본에서는 더욱 어려운 문제일 테지요. 그 문제를 처리해 나가는 것은 경영자에게 주어진 매우 커다란 책임입니다. 이럴 때 저는 역시 하나의 거점이 필요하다고 생각합니다. 그 거점이란 바로 무엇이 올바르냐는 것입니다. 당신의 사업이 회사의 것인지, 회사의 것인 동시에 사회의 것인지, 아니면 거래처의 것인지 생각해 보십시오. 당신이 공공성을 얼마나 느끼느냐에 따라 그 결심이 가능해질 것입니다. 저는 그렇게 생각합니다. 가령 사업이 완전히 자신의 것이라고 여긴다면 어떻게 하시든 상관없습니다. 하지만 공공성이 있다, '내' 기업이라고 해도 본질은 사회

공공의 사업이라고 여기신다면 용기가 날 것입니다. 개혁도 가능할 것입니다. 저는 그런 점에 중점을 두고 생각하면 자연스럽게 길이 열릴 것으로 믿습니다. 옛정이나 공로는 그것대로 인정하면서 취할 수 있는 조치가 분명히 있을 것입니다.

메이지 유신의 주역인 사이고 다카모리는 참으로 훌륭한 유훈을 남겼습니다. 국가에 공로가 있었던 자에게는 녹을 준다, 하지만 지위는 별개라는 것입니다. 지위는 그 지위에 어울리는 견문과 학식이 있는 사람에게 줘야 한다는 것입니다. 이것이 그의 국가관이자 관리로서의 신념입니다. 저는 이것을 좀 더 참고로 삼아야 한다고 생각합니다. 이 사이고 다카모리의 교훈을 한번 곱씹어 보시는 것도 좋을 것입니다. 저는 사이고 다카모리를 매우 위대한 사람이라고 생각합니다.

34

고객의 소중함을
피부로 느낀다

고객 한 명을 지키는 것이 고객 100명으로 이어집니다.

고객 한 사람을 잃는 것은

고객 100명을 잃는 결과를 낳습니다.

그런 마음가짐을 잃어서는 안 됩니다.

'단골손님을 늘리고 싶다.', '매출을 늘리고 싶다.'라는 소망은 장사를 하는 한 누구나 가지는 바이지만 결코 쉬운 일이 아닙니다. 단골손님은 특별히 부탁하지 않아도 다른 손님을 데리고 옵니다. "여기 분위기도 좋고 서비스도 친절해."라며 친구를 데리고 오는 그런 가게가 되는 것입니다.

단골손님을 늘리려는 노력은 물론 중요합니다. 하지만 현재의 단골손님을 지키는 것도 그에 못지않게 중요한 일입니다. 단골 거래처 한 곳을 지키는 것이 단골 거래처 100곳을 늘리는 결과로 이어집니다. 단골 거래처 한 곳을 잃으면 단골 거래처 100곳을 잃게 된다는 마음가짐이 중요합니다.

단골손님을 비유한다면 사돈과 같습니다. 여기에 상품이 있습니다. 오랫동안 공들여 키운 딸이라는 상품입니다. 그 상품을 사 준다는 것은 자신의 딸을 시집보내는 것과 마찬가지입니다. 그 단골손님과 우리 가게는 사돈이 되는 것입니다.

'그 집안에서 우리 딸을 마음에 들어 할까?'

'근처에 온 김에 잠깐 보러 가 볼까?'

딸을 시집보내면 그런 마음이 자연스럽게 생겨납니다. 그런 마 음으로 상품을 다루면 단순한 장사를 뛰어넘은 신뢰 관계가 생깁 니다. 전부 그렇게 하라고 한다면 무리한 주문이겠지만, 앞으로 는 그런 마음이 한층 더 중요해질 것입니다.

장사를 하고 있으면 상품을 음미해 보고 자신 있게 판매하되 당연히 사는 사람의 처지가 되어 생각해야 합니다. 단골 거래처 의 구매 담당자가 되었다는 마음가짐이 필요합니다. 그렇게 하 면 단골 거래처가 무엇을 필요로 하는지, 어느 정도의 물건을 얼 마나 원하는지, 품질은 어떤지, 가격은 어떤지, 양은 어느 정도인 지, 언제 구입해야 할지 등을 고민하게 될 것입니다. 이것이 구매 담당자의 역할입니다. 그러면 단골 거래처가 원하는 상품을 권할 수 있게 될 것입니다.

　이런 것은 경제학 책에는 나와 있지 않습니다. 저는 학문이 깊지 않아서 어려운 것은 알지 못합니다. 하지만 장사라는 현실의 모습을 통해 볼 수 있고 공부할 수 있었습니다. 꼬마 수습 점원이었기 때문입니다. 아홉 살 때부터 수습 점원으로 일했습니다.

　저뿐만이 아닙니다. 당시는 어디에나 꼬마 수습 점원이 있었습니다. 그들이 장사를 하러 가면 단골 거래처에서 여러 가지를 "이런 식으로 하렴.", "저런 식으로 하렴."이라고 가르쳐 줬습니다. 그리고 "안녕하세요.", "다시 한번 말해 보거라.", "다음에는 이렇게 말해야 한다."라고 매일 교육을 받았습니다.

　"물건을 사 주는 사람이 있기 때문에 장사를 할 수 있는 것이다, 손님은 가장 중요한 존재다, 장사를 하는 사람은 단골손님을 소중히 여겨야 한다."

　이런 식으로 교육을 받았기 때문에 그것을 피부로 느끼고 있는 것입니다.

35

상대방에게
손해를 입히지 않는다

까다로운 거래처이지만
터무니없는 요구까지는 하지 않습니다.
"까다롭지만 좋은 회사야."라는
말을 듣는 회사를 만들고 있습니까?

장사라는 것은 파는 쪽과 사는 쪽 모두가 만족스러워야 합니다. 사는 사람은 이런 상품을 살 수 있어서 다행이다, 아주 편리하다, 생활이 풍요로워졌다 등의 기쁨을 느낍니다. 파는 사람도 그 기쁨을 느끼는 동시에 이익을 남깁니다. 이런 식으로 서로 만족할 수 있어야 합니다.

터무니없이 값을 깎아 줘서 입에 풀칠하기도 어려운 장사를 해서는 안 됩니다. 정부는 파는 쪽과 사는 쪽 모두 기쁨을 맛볼 수 있는 거래 방법을 장려해야 할 것입니다. 값이 싸다고 해서 그것으로 다 해결되는 것이 아닙니다. 정치 방향에 따라 전체적으로 가격을 싸게 하는 것은 가능합니다. 그때 값을 내려도 이익이 어느 정도 남으면 괜찮습니다. 하지만 지금은 가격을 올려도 이익이 남지 않는 상황으로 내몰리고 있습니다. 여기에 문제가 있는 것입니다.

저는 아주 작은 규모의 장사부터 시작했습니다. 처음에는 재료 구입, 제조, 판매도 전부 저 혼자 도맡아 했습니다. 재료를 사러 가면 당연히 값을 깎았습니다. 하지만 그때마다 반드시 이렇게 물어봤습니다.

"이렇게 팔아도 이문이 남습니까?"

그랬더니 "조금은 남으니 걱정하지 마세요."라는 대답이 돌아옵니다.

"그렇다면 안심입니다. 저도 값을 깎기는 하지만 그쪽이 본전에나, 손해를 보고 팔게는 하고 싶지 않습니다. 그렇게 해서는 거래를 오래 할 수 없으니까요."

그러면 모두가 만족하는 거래가 됩니다.

'재료 구입과 판매는 까다롭게 하지만 무리한 요구는 하지 않는다, 어느 정도의 이윤은 남기게 해 준다, 그러니 마쓰시타는 좋은 곳이다.'

상대방은 이렇게 생각합니다. 또 싼값에 팔면서 상대방도 배우
는 바가 있을 것입니다. '저런 식으로 장사를 해야 한다.'라고 말
입니다. 정신적인 기쁨을 얻는 것입니다. 제가 성공했다고 한다
면 아마도 여기에 성공의 비결이 있는 게 아닐까요?

6장

비약

경영은 종합 예술이다.

겉으로 보이는 것 너머를 볼 수 있어야 한다.

당장 눈앞에 있는 것만이 아니라 보이지 않는 것들을 보아야 한다.

그 보이지 않는 것들에 진정한 가치가 담겨 있다.

36

고난이
즐거움이 된다

경영이란 일종의 종합 예술입니다.

백지 위에 가치를 창조하는 일이지요.

그 여정에는 고난과 고뇌가 기다리고 있습니다.

경영자는 그 괴로움을 맛보고

그것 자체가 즐거움이 되도록 해야 합니다.

저는 경영자라는 존재를 넓은 의미에서 예술가라고 생각합니다. 경영을 일종의 종합 예술이라고 여기기 때문입니다. 백지 한 장에 그림을 그리고 그 완성도에 따라 좋은 예술가라고 평가받으며 영원히 남습니다. 요컨대 백지 위에 가치를 창조하는 것입니다. 이것은 경영에서도 마찬가지입니다. 오히려 우리 경영자들은 백지 위에 평면적인 가치만을 창조하지 않습니다. 입체라고 할까… 사방팔방으로 펼쳐지는 폭넓은 예술을 지향합니다. 경영은 살아 있는 예술, 종합적인 예술이라는 관점에서 바라봐야 한다는 것이 제 의견입니다.

그런 눈으로 보면 경영은 참으로 대단한 일이며 경영자는 엄청난 일을 하는 사람입니다. 세상에서는 그렇게 평가해 주지 않지만 말입니다. (웃음) 단순한 돈벌이라든가, 합리적인 경영을 한다든가 그런 눈으로만 봐서는 안 됩니다. 인생이란 무엇인가, 인간이란 무엇인가라는 생각에서 출발해야 합니다. 남들 앞에서는 "장사꾼입니다. 매번 이용해 주셔서 감사합니다."라고 말하지만, 마음속에서는 자신을 스스로 높게 평가합니다. 종합 예술인이라고 말입니다. 따라서 그 평가만큼의 값어치를 하기 위해 고뇌하고 고심합니다. 이것이 경영자의 미래 모습입니다.

이러한 자긍심과 그 자긍심에 동반되는 여러 가지 고난이랄까… 고뇌는 '맛'을 가지고 있습니다. 그렇게 생각하지 못하고 힘든 것은 싫다고만 생각하면 처음부터 경영자가 되지 않는 편이 좋습니다. 이것이 제 솔직한 심정입니다.

작품이 완성되었을 때, 일이 진행되었을 때의 기쁨을 맛봅니다. 고통 끝에 기쁨이 찾아오는 것입니다. 이를 통해 자신이라는 존재를 생각하지 못하는 사람은 경영자가 될 수 없습니다. 설령 경영자가 된다 해도 실패합니다. 저는 그렇게 생각합니다. 오랜 경험 속에서 그만두고 싶어 한 적은 있지만 그뿐이었다면 정말

끝이었을 것입니다. 역시 그때 의식 전환을 해야 합니다. 막다른 길에 닿기 직전에 180도 방향을 전환해 고통을 즐거움으로 바꿔야 합니다.

항상 죽기를 각오하고 그러면서도 목숨을 끊지 않고 방향을 전환하는 어려운 일을 마음에 그릴 수 있는 사람이어야 합니다. 이것은 쉬운 일이 아닙니다. 공중그네 타기같이 힘든 일입니다. 경영자는 그런 고통을 맛볼 수 있는 것을 즐거움으로 생각해야 합니다. 여유가 있는 사람은 아직 진정한 예술가가 아닙니다. 그러면 졸작을 만들 수밖에 없습니다.

37

걱정하기 싫다면
사장을 그만둬라

회사에서 가장 걱정을 많이 하는 자리가 사장입니다.

그런 걱정거리가 있기 때문에

사장이라고 할 수 있는 게 아닐까요?

저는 오랜 직장 생활을 거쳐서 현재 작은 사업체를 경영하고 있습니다. 사업을 시작해 보니 직장인이던 시절에는 알지 못했던 일, 경험하지 못했던 일이 계속해서 생겨나 매일 고생 중입니다. 그러나 사나이가 되고 싶다, 어엿한 사업가가 되고 싶다는 생각에 열심히 일하고 있습니다. 마쓰시타 씨께서는 이제 사나이가 되었구나, 어엿한 사업가가 되었구나 하고 생각하신 적이 언제였습니까?

[마쓰시타]

없습니다. 아직 길을 찾고 있는 중이기 때문입니다. 솔직히 말씀드려서 아직은 '이것으로 어엿한 사업가가 되었구나.'라는 안이

한 생각은 용납하지 못합니다. 어쩌면 제 성격 탓인지도 모르지만요. 그래서 지금도 밤에 제대로 잠을 이루지 못합니다. 아마 이것은 앞으로도 변하지 않을 것입니다.

그리고 드릴 말씀이 또 하나 있습니다. 회사에 직원이 100명 있다고 가정해 보겠습니다. 그중에서 가장 걱정이 많은 사람은 사장입니다. 사장한테 걱정을 끼치지 않도록 한다는 말을 자주 하는데, 원래 사장은 걱정을 해야 합니다. 그것이 사장의 일이기 때문입니다. 걱정하기가 싫다면 사장의 자리에서 물러나면 되는 일입니다.

여러분이 앞으로 일하다 보면 점점 걱정할 일이 늘어나고 시끄러운 문제도 일어날 것입니다. '이것이 사장이 할 일이고 보람이다, 걱정을 하기 때문에 내가 사장으로 일하는 의미가 있는 것이다.'라고 생각하지 않으면 고통은 더욱 커질 것입니다. 처음에는 '아아, 못 견디겠어.'라는 불평이 생깁니다. 그야 사람이니까 당연한 일입니다. 하지만 그다음 순간에는 '이런 걱정을 하니까 내가 사장이지.'라고 발상을 전환해야 합니다.

38

사람의
값어치라는 것

사람의 진정한 값어치는
일을 맡겨 보지 않으면 알 수 없습니다.
맡겨 봐야 비로소 알 수 있는 법입니다.

오랫동안 경영자로서 회사를 지켜 왔습니다만, 나이를 먹은 탓도 있어서 슬슬 은퇴할까 생각 중입니다. 그래서 누구에게 회사를 물려줄까 고민하며 사내를 둘러보니 다들 고만고만한 사람들뿐이라 회사의 장래가 걱정됩니다. 경영자를 선택하는 기준에 대해 조언을 부탁드립니다.

[마쓰시타]

여러분도 저와 같지 않을까 싶습니다만, 진정 앞으로 걱정할 필요 없다며 안심할 수 있는 때는 있을 수 없다고 봅니다. 일단 60퍼센트는 할 수 있겠지, 혹은 70퍼센트는 할 수 있겠지 정도의 범위가 최대치가 아닐까 생각합니다. 개중에는 100퍼센트 나보다 나은 사람을 발견할 수도 있겠지만, 막상 그런 사람에게 일을 맡겨 보니 의외로 기대만큼은 만족스럽지 않을 수도 있습니다. 진정한 사람의 값어치는 일을 맡겨 보지 않으면 알 수 없습니다. 즉 독립시켜 보고 일을 맡겨 봐야 비로소 그 진가를 알 수 있는 것입니다.

'이 친구, 장래에 중역이 될 재목이군.'이라고 생각되는 사람이 있어도 실제로 중역이 되었을 때 그만한 능력을 갖추고 있을지는 알 수 없습니다. 그만큼 사람이 다른 사람을 보는 눈은 믿을 만한 것이 못 됩니다. 저는 그렇게 생각합니다.

지금 물어보신 질문에 대해 구체적인 답변을 해 드리겠습니다. 저는 60퍼센트의 가능성이 있으면 일단 결정을 해 왔습니다. 그 사람을 부장이나 과장에 앉힐 때 가능성이 60퍼센트라고 판단되면 일단 맡겨 보자고 결정했습니다. 물론 60퍼센트의 가능성이 있다고 생각하고 맡겼는데 50퍼센트밖에 되지 않는 사람도 있습니다. 하지만 60퍼센트를 기대하고 맡겼는데 80퍼센트의 성적을 올리는 사람도 있습니다. 이렇듯 맡겨 보지 않으면 알 수 없는 것입니다.

여러분이 평소에 후계자는 아니더라도 어떤 직책을 결정하려면 고민이 될 것입니다. 이것은 정말 고민되는 문제입니다. 점쟁이가 "당신은 몇 살까지 살 겁니다."라고 예언하는 것만큼이나 맞지 않습니다. 점쟁이도 모르는데 우리 같은 보통 사람들이 어떻게 알겠습니까? (웃음) 그러므로 '그래, 60퍼센트 정도는 가능성이 있겠지.'라고 판단되면 그냥 모험을 해야 합니다. 저는 그렇게 생각합니다. 모험을 해 보는 것입니다.

저는 회장이 되었을 때 "이제 회장이 되었으니 회사에 출근하지 않겠네. 일주일에 한 번은 오겠지만 그 외에는 일절 오지 않을 거야."라고 말했습니다. 이것은 '쌍두 정치가 되어서는 안 된다, 쌍두 정치가 되면 60퍼센트라고 생각했던 가능성이 50퍼센트로 줄어들지 모른다.'라고 생각했기 때문입니다. 저는 그날 취임사에서 "저는 회장이 된 이상 일체 회사에 출근하지 않겠다는 방침을 세웠습니다. 그러나 그것은 불가능하므로 원칙적으로 일주일에 한 번 출근할 것입니다. 회사 일은 새로운 사장을 중심으로 여러분이 노력해 주시기 바랍니다."라고 분명히 말했습니다.

　이 말에 모두 크게 놀랐지만 결과적으로는 그 말을 하기를 잘 했다고 생각합니다. 제가 그렇게 말을 한 이상 새 사장은 무슨 일이 있어도 사장으로서 책임을 다할 수밖에 없고, 또한 다른 간부들도 그를 지켜 줄 수밖에 없습니다. 이른바 배수의 진을 치게 되는 것입니다. 다행히 그것이 효과가 있었다고나 할까… 그 후 줄 곧 제가 한 말을 지키고 있습니다.

39

세금에
잔머리를 쓰지 않는다

장래에 큰일을 하고자 한다면
공명정대하게 경영해야 합니다.
세금을 조금이라도 적게 내는 데
머리를 쓸 바에는 이익을 지금보다
많이 올리는 데 머리를 써야 합니다.

중소기업이 발전하는 단계에서 인재 다음으로 고민하는 문제는 역시 세금이 아닐까 합니다. 저희도 절세 대책을 강화하려 고민하고 있는데, 마쓰시타 씨는 발전 단계에서 세금 문제를 어떻게 대처하셨습니까?

[마쓰시타]

세금 문제는 예전이나 지금이나 규정대로 하고 있습니다. 세무 문제 때문에 업무를 희생해서는 안 됩니다. 세금은 세율로 정해진 만큼만 징수됩니다. 1만 엔을 벌면 얼마를 세금으로 징수한다고 정해져 있지 않습니까? 그러므로 세무서는 벌어들인 돈에서만 세금을 걷습니다. 여러분이 벌어들인 돈보다 적게 세금을 내려고

하니까 고민이 생기는 것입니다. (웃음)

지금 이 문제가 나왔으니까 드리는 말씀입니다만, 저희 단골 거래처 중에 판매 회사가 있습니다. 저희가 일부 투자를 한 곳인데 세금에 대해서만큼은 신신당부하고 있습니다. 그곳 사장님이 머리를 쓰는 일 대부분이 세금 문제였기 때문입니다. 그래서 "세금은 정해진 이상 징수하지 않으니 그런 것에 머리를 쓸 필요는 없습니다. 그보다도 이익을 늘리는 데 머리를 쓰십시오. 그러는 편이 훨씬 재미있지 않겠습니까?"라고 당부하고 전부 공명정대하게 납부하도록 했습니다. 그렇게 해서 지금까지 모두 발전해 왔습니다.

장래에 큰일을 하려고 생각한다면 그런 것까지 신경을 써야 합니다. 하지만 이 정도까지만 하고 돈을 좀 벌어 볼까 생각한다면 지금까지처럼 해도 상관없습니다. (웃음) 이것은 매우 중대한 문제입니다. 장래에 큰일을 하려면 아무래도 공명정대하지 않고서는 사람을 썼을 때 위험이 따르기 때문입니다. 자신이 혼자서 모든 것을 처리하는 동안에는 다소 융통성을 발휘할 수 있지만 많은 사람을 고용해 사업을 할 때는 공명정대하지 않으면 일말의 위험성이 있습니다. 세금을 줄이는 데 머리를 쓰면 어딘가 켕기는 구석이 생기기 때문에 좋은 지혜가 나오지 않습니다. 이것은 매우 중요한 문제입니다. 장래에 큰일을 할 것인지 하지 않을 것인지를 결정하는 과정에서는 말입니다.

그렇기에 다른 동업자들과 똑같이 출발했지만 다행스럽게도 저희 회사는 계속 발전했습니다. 그렇게 보면 제 방침은 잘못되지 않았다고 믿습니다.

40

계획과 반성의
반복

아침에 계획해 활동하고 밤에 반성하십시오.

연초에 계획하고 연말에 반성하십시오.

그런 경영을 하도록 하십시오.

지금의 정치에는 이념이 없습니다. 거창하게 말하자면 인류 전체를 위해 무엇을 해야 하느냐, 혹은 일본이라는 국가로서는 무엇을 해야 하느냐 같은 국가 경영의 이념이 없습니다.

메이지 원년에는 부국강병富國強兵이라는 국시가 있었습니다. 그것이 100여 년 전의 일입니다. 그래서 일본은 전쟁에서도 승리했습니다. 만약 그 이념이 없었다면 청일전쟁에서도 패배했을지도 모릅니다. 하지만 운 좋게 승리한 것에 기고만장해 방침을 바꾸지 않고 다음에는 러일전쟁을 일으켰습니다. 그 전쟁에서도 승리한 일본은 다른 국가들로부터 따돌림을 당하게 되었고, 여기에 화가 나 "젠장, 다 이겨 주겠어!"라며 시작한 것이 제2차 세계 대전입니다.

그러므로 반성해야 합니다. 이기고 반성하고, 또 이기고 반성해야 합니다. 그랬다면 그런 바보 같은 전쟁은 하지 않았을 것입니다. 하지만 일본인뿐만 아니라 인간이라는 존재는 두 번이나 이기면 자만에 빠집니다. 그리고 세 번째 싸움에서는 집니다. 이것이 철칙입니다.

[기자]

그것은 기업 경영에도 공통되는 이야기군요.

[마쓰시타]

그렇습니다. 순조롭게 성장하다가 갑자기 쓰러지는 기업이 있습니다. 1,000엔 정도밖에 벌지 못했을 때는 '좋았어. 열심히 일하자.'라고 생각합니다. 그리고 1만 엔을 벌면 '오오, 수입이 꽤 괜찮은걸?'이라고 만족하게 됩니다. 그러다 10만 엔을 벌면 '이제 됐어.'라고 자만하며 쓰기 시작합니다. 그와 똑같습니다. 사람에게는 그런 본성이 있습니다. "이겼을 때 투구 끈을 바짝 조여라."라

는 말이 있습니다. 옛사람들의 말도 최근에 발견한 학설과 마찬
가지로 소중히 여겨야 합니다. 옛것은 낡았다고 생각해 경시하면
낭패를 봅니다.

[기자]

고사故事에 나오는 것처럼 이겼을 때도 우쭐대지 말라는 말씀이
시군요.

[마쓰시타]

아침에 계획해서 활동하고, 밤에는 그날 한 행동을 반성해야
합니다. 사람의 하루는 이러한 과정의 연속이어야 합니다. 연초
에는 올해 이러이러한 공장을 짓자거나, 이러이러한 제품을 만들
자고 계획하고 연말에는 좋은 제품을 만들었는지 반성하는 것입
니다. 그렇게 경영을 하고 있다면 안심할 수 있습니다.

[기자]

그렇게 하면 자신감도 생기겠군요.

[마쓰시타]

그렇습니다. 마쓰시타 전기도 그렇게 경영을 해서 비교적 순조롭게 성장한 면이 있습니다. 제2차 세계 대전 직후의 재벌 해체 조치로 저는 5년 동안 아무것도 하지 못했습니다. 간부들도 모두 뿔뿔이 흩어졌습니다. 1950년 10월에 제한이 대부분 해제되어 간신히 경제 활동이 자유로워졌지만, 그때 이미 제 개인 재산은 모두 사라졌고 회사도 막대한 부채를 안고 있었습니다. 그런 상황에서 다시 일어서야 했습니다. 참으로 힘든 일이었습니다. 5년 동안 '죄인' 취급을 받았는데도 그런 어처구니없는 일은 없다며 회사를 그만두지 않고 노력해 왔습니다.

[기자]

그런 '근성'은 일본인의 공통된 정신일까요?

[마쓰시타]

물론 일본인의 공통된 정신이라고도 할 수 있습니다. 하지만 제 근성은 남들보다 강했습니다. 개성이라고도 할 수 있지요. 지금은 경제계로서는 매우 힘든 시기입니다. 정치도 혼란을 겪고 있고 암운이 길게 드리워져 있어 극단적으로 말하면 무엇을 해야 할지 알 수 없는 측면도 있습니다. 하지만 제2차 세계 대전 직후를 생각하면 그렇게 비관적으로 생각하며 허둥댈 필요는 없다고 할 수 있을 것입니다.

[기자]

허둥댈 정도는 아니지만 그래도 심란하기는 합니다.

[마쓰시타]

날씨 같은 것입니다. 태풍이 오면 쑥대밭이 되긴 하지만, 그 태풍이 한 달 동안 계속되지는 않는 것과 마찬가지입니다. 빠르면 수 시간 늦어도 하루면 지나갑니다. 비가 내리고 나면 하늘이 맑

아집니다. 걱정할 필요가 없습니다. 반드시 좋은 날이 돌아올 것입니다.

이렇게 안 좋은 시기에는 저항하지 않고 요령껏 피하면 됩니다. 그러다 시야가 넓어져 저쪽이 보이기 시작하면 크게 움직입니다. 그러면 되지 않을까요?

41

'편한 사장'이고
싶다

위엄은 필요합니다.
그러나 위엄만으로는 사람이 따르지 않습니다.
직원이 안심할 수 있게 해 주고 있나요?
편하게 의견을 말할 수 있는
'편한 사장'이 될 수 있습니까?

＊

직원들이 볼 때 마쓰시타 씨는 '무서운 사장님'이 아니었을까
요? 모든 것을 꿰뚫어 보는 듯한….

[마쓰시타]

아닙니다. 그렇게 생각하지는 않았을 것으로 믿습니다. 그런
사장이었다면 난감한 일입니다. 두려움을 느끼게 해서는 안 됩
니다. 두려움이라는 것이 필요한 측면도 있지만 두려움만으로는
사람이 따르지 않습니다.

제가 고용당하는 처지라면 무서운 사장 밑에서는 견뎌 내지
못할 겁니다. 역시 어떤 의견이든 귀 기울여 들어줄 수 있는 사
람, 어느 정도는 그 의견을 이해해 줄 수 있는 사람, 전부는 아니

더라도 어느 정도 이해해 줄 수 있는 고용주라야 모시기 쉬운 법입니다. 너무 날카로워도 곤란합니다.

결국, 부하 직원이 저에 대해 '편안함'을 느끼느냐가 중요합니다. 직원이 저를 보는 시각에는 여러 가지가 있을 것입니다. 무서운 사장일 수도 있고 대단한 사장일 수도 있습니다. 문제는 그것입니다. 직원들이 보기에 저는 무서운 사장은 아니었을 것으로 보는데, 어떠십니까? (웃음) 개인적으로는 대하기 편한 사장이 아니었을까 싶습니다만….

예전에 직원이 50명에서 100명 정도였을 때는 항상 함께 일을 했습니다. 그 무렵은 5시에 가게 문을 닫았습니다. 그러면 직원들은 모두 집으로 돌아가지만 견습생들은 늦게까지 남아서 일을 할 때가 있습니다. "언제까지 일을 할 건가? 빨리 끝내게!"라고 제가 오히려 화를 낼 정도였습니다. 그래도 돌아가지 않고 끈질기게 일합니다. 너무 열심히 일하다가 건강을 해쳐서는 곤란하다, 부탁이니 빨리 끝내고 돌아가라고 주의를 줘야 할 때도 종종 있었습니다.

그 무렵부터 저는 무서운 사장으로 보이는 것은 아니었을 거라고 생각하고 있습니다.

[기자]

마쓰시타 씨의 전기나 책을 보면, 칭찬할 때는 철저히 칭찬하고 꾸짖을 때는 모두의 앞에서 꾸짖는 장면이 종종 나옵니다. 칭찬하는 비결, 꾸짖는 비결은 무엇일까요?

[마쓰시타]

비결이라면 저라는 사람을 있는 그대로 드러내는 것입니다. 그것이 가장 중요하지 않을까 합니다. 저라는 사람을 꾸미지 않고 상대를 솔직하게 대하는 것이지요. 그렇게 하면 상대는 저라는 사람이 어떤 사람인지 나름대로 파악합니다. 저는 파악하기가 비교적 쉬운 사람이었을 것입니다. 그래서 묘한 두려움은 없었으리라 짐작합니다. 그리고 꾸짖거나 칭찬할 때도 그것이 적당히 드러났을 것입니다. "이게 뭔가? 도대체 뭘 하는 건가?"라며 꾸짖을 때도 있고 책상을 두들기며 호통을 친 기억도 있습니다. 지금의 간부 직원들은 그렇게 혼나며 성장해 왔습니다. (웃음)

하지만 매일 책상을 두들기지는 않았습니다. (웃음) 가끔 그랬을 뿐입니다. 반대로 참 잘했다고 칭찬할 때가 더 많았습니다. 잘했다고 칭찬을 대여섯 번 하는 동안 한 번 정도 꾸짖었을 것입니다. 두 번에 한 번 정도로 자주 꾸짖어서는 안 됩니다. 무엇보다도 내가 지칩니다. (웃음) 그런데 규모가 작았을 때는 저도 필사적이었기 때문에 엄하게 화를 냈던 거 같습니다. 실패를 하면 출혈이 크기 때문이었습니다. 매일매일 필사적으로 일을 했기 때문에 꾸짖는 것도, 칭찬하는 것도 필사적이었을 겁니다.

42

마음은
전해진다

직원들에게 명령이 아니라
'부탁하는' 마음가짐으로 일하고 있는지요?
직원들에게 진심으로 감사하고
위로하는 마음을 가지고 있는지요?

＊

　사업이 발전해 나가고 규모가 커지면 경영자는 마음을 명령조에서 부탁조, 감사조로 바꿔 나가는 것이 중요합니다.

　무슨 뜻인가 하면, 직원의 수가 10명에서 100명 정도일 때는 경영자가 솔선수범하며 "이걸 해 주게, 저걸 해 주게."라고 명령을 해도 문제가 없으며 실적도 향상됩니다. 하지만 직원이 1,000~2,000명이 되면 그런 명령만으로는 사람을 움직일 수 없어집니다. 움직이더라도 감격해서 움직이지는 않을 것입니다. 말이나 태도는 같아도 자신의 마음속에서 명령조를 지워야 합니다. "이렇게 해 주십시오, 저렇게 해 주십시오, 부탁합니다."라는 마음이 필요합니다. 그런 마음을 가지면 말이나 행동은 같아도 느낌이 다르기 때문에 상대도 그 마음을 느끼고 움직입니다.

여기에서 나아가 1만 명이나 5만 명이 되면 말은 같게 해도 마음은 '간청하는 마음'이라고 할 정도가 되는 것이 중요합니다. 그런 마음이 없이 '나는 사장이니까, 나는 높은 사람이니까 명령하는 거야.'라고 생각한다면 1만 명이나 되는 사람을 움직일 수 없습니다. '이 일은 나 혼자서는 할 수 없다, 지식도 필요하고 기술도 필요하다, 그런 것은 모두 부하 직원이 가지고 있다, 그들이 움직여 줘야 비로소 일을 할 수 있는 것이다.'라는 생각과 부하 직원들이 일을 해 주는 데 대한 깊은 감사와 위로의 마음 같은 것이 가슴속에 자리하고 있어야 합니다.

저는 회사가 커지고 직원이 늘어남에 따라 그런 마음가짐을 되새기는 동시에 사업 부장이라든가 관계 회사의 사장 같은 사람들에게 저와 똑같은 마음가짐으로 일해 달라고 호소해 왔습니다. 그리고 실제로 그런 마음으로 일하는 사람은 모두 어느 정도 성공했다고 봅니다. 어떻게 생각하십니까?

마쓰시타 고노스케《경영의 길을 묻다》참고 목록(게재순)

이 책은《마쓰시타 고노스케 발언집(전 45권)》과《마쓰시타 고노스케의 경영 문답》에 수록된 글 중에서 현대의 경영 리더에게 참고가 될 만한 것을 엄선해 표제, 요약문 등을 새로 보충하고 수정 편집한 것이다. 처음 실린 잡지와 언론명은 아래에 적어 두었다(기업명은 당시의 것). 또 ◇가 붙은 글은《마쓰시타 고노스케 발언집》에만, ◆가 붙은 글은《마쓰시타 고노스케의 경영 문답》에만, ◎가 붙은 글은 두 책모두에 수록되어 있다.

prologue

《구전되는 마쓰시타 경영(語り継ぐ松下経営)》(다카하시 아라타로(高橋荒太郎) 저)
1983년 10월 발간
◎YPO(청년사장회) 일본지부예회 1964년 4월 8일
◆스미토모 5사 합동 강연회 1969년 10월 13일

1장 | 열정

01 ◆살롱 드 간사이 강연회 1978년 8월 22일

02 ◎〈산케이신문〉 1977년 1월 1일 자

03 ◆제1회 스미토모 강연회 1962년 3월 20일

04 ◎〈30억〉 1976년 7월 호

05 ◎마쓰시타 전기 제13회 경영 연구회 1965년 3월 22일

06 ◎〈Voice〉 1978년 12월 호

07 ◎제8회 가루이자와 톱 매니지먼트 세미나 1965년 7월 13일

2장 | 각오

3장 | 신념

4장 | 순수

5장 | 신뢰

6장 | 비약

◆ 마쓰시타 정경숙 다섯 가지 다짐 ◆

소지관철素志貫徹

항상 뜻을 품고 할 일을 열심히 하면 어떤 어려움에 부딪히더라도 길은 반드시 열린다. 성공의 요점은 성공할 때까지 계속하는 것이다.

자주자립自主自立

다른 사람에게 기대어서는 일이 진행되지 않는다. 자신의 힘으로, 자신의 발로 걸을 때 비로소 다른 사람의 공감을 얻을 수 있으며 지혜와 힘을 모아 좋은 성과를 거둘 수 있다.

만사연수萬事研修

보는 것과 듣는 것을 두루 공부하고 모든 경험을 연수로 받아들이며 열심히 노력할 때 진정한 발전을 이룰 수 있다. 주의해서 보면 만물이 나의 스승이 된다.

선구개척先驅開拓

기존 관념에 사로잡히지 않고 끊임없이 창조하고 개척해 나가는 모습에 일본과 세계의 미래가 있다. 시대를 앞서 나가는 사람이야말로 새로운 역사의 문을 여는 법이다.

감사협력感謝協力

아무리 인재가 모여도 화목함이 없으면 성과를 얻지 못한다. 항상 감사하는 마음을 품고 서로 협력할 때 신뢰가 싹트며 진정한 발전도 이룩된다.